新制造·工厂运作
实战指南丛书

U0367058

实战
图解版

P
R
A
C
T
I
C
A
L

G
U
I
D
E

采购与供应链
实战指南

李世华　主编

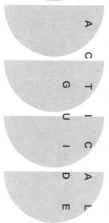

化学工业出版社
·北京·

内容简介

《采购与供应链实战指南（实战图解版）》一书分两篇完成。第一篇为供应链管理基础建设，包括供应链管理概述、智能制造下的智慧供应链、供应链管理的优质工具——SCOR模型、推行供应链管理的基础四章内容；第二篇为采购与供应链过程控制，包括采购管理的规划、供应商开发与管理、采购计划编制、采购订单处理与跟进、物料交货入库控制、原材料仓库管理、生产运作、物流配送——将成品交客户八章内容。

本书的特点是内容全面、深入浅出、易于理解，注重实际操作，对采购与供应链管理的操作要求、步骤、方法、注意事项做了详细的介绍，并提供了大量在实际工作中已被证明行之有效的范本，读者可以根据范本内容，略做修改，为己所用，以节省时间和精力。

图书在版编目（CIP）数据

采购与供应链实战指南：实战图解版/李世华主编. —北京：化学工业出版社，2021.8

（新制造·工厂运作实战指南丛书）

ISBN 978-7-122-39321-0

Ⅰ.①采… Ⅱ.①李… Ⅲ.①采购管理-指南②供应链管理-指南 Ⅳ.①F25-62

中国版本图书馆CIP数据核字（2021）第110599号

责任编辑：辛　田　　　　　　　　　　　文字编辑：冯国庆
责任校对：王　静　　　　　　　　　　　装帧设计：尹琳琳

出版发行：化学工业出版社（北京市东城区青年湖南街13号　邮政编码100011）
印　　装：大厂聚鑫印刷有限责任公司
710mm×1000mm　1/16　印张14　字数270千字　2021年8月北京第1版第1次印刷

购书咨询：010-64518888　　　　　　　售后服务：010-64518899
网　　址：http://www.cip.com.cn
凡购买本书，如有缺损质量问题，本社销售中心负责调换。

定　价：68.00元

前言

　　制造业为立国之本、强国之基，推动制造业高质量发展，应成为推动数字经济与实体经济融合发展的主攻方向和关键突破口。要将制造业作为发展数字经济的主战场，推动数字技术在制造业生产、研发、设计、制造、管理等领域的深化应用，加快重点制造领域数字化、智能化，推动"中国制造"向"中国智造"和"中国创造"转型。

　　制造业是实体经济的主体，新制造则是强化实体经济主体的催化剂。新制造指的是通过物联网技术采集数据并通过人工智能算法处理数据的智能化制造，通过形成高度灵活、个性化、网络化的生产链条以实现传统制造业的产业升级。

　　相比传统制造业，新制造能够更合理地分配闲置生产资源，提高生产效率，能够更准确地把握用户特性与偏好，以便满足不同客户的需求，扩大盈利规模。传统制造业的多个环节都可以进行智能升级，比如工业机器人可以被应用于制造业生产环节，辅助完成复杂工作；智能仓储、智慧物流可以高效、低成本地完成仓储和运输环节。

　　在新制造下，在数字化车间，生产链条的各个环节进行积极的交互、协作、感染与赋能，提高生产效率；在智能化生产线上，身穿制服的工人与机器人并肩工作，形成了人机协同的共生生态；而通过3D打印这一颠覆性技术，零部件可以按个性化定制的形状打印出来……

　　新制造，能够借助大数据与算法成功实现供给与消费的精准对接，从而实现定制化制造与柔性生产。通过大数据和云计算分析，可以把线上消费端数据和线下生产端数据打通，运用消费端的大数据逆向优化生产端的产品制造，为制造业转型升级提供新路径。

基于此，我们组织编写了"新制造·工厂运作实战指南丛书"，具体包括：《生产计划与作业控制指南（实战图解版）》《生产成本控制实战指南（实战图解版）》《生产设备全员维护指南（实战图解版）》《现场管理实战指南（实战图解版）》《班组管理实战指南（实战图解版）》《5S运作与改善活动指南（实战图解版）》《品质管理与QCC活动指南（实战图解版）》《采购与供应链实战指南（实战图解版）》《仓储管理实战指南（实战图解版）》。

"新制造·工厂运作实战指南丛书"由涂高发主持编写，并由知名顾问老师开鑫、龚和平、赵乐、李世华共同完成。其中，《采购与供应链实战指南（实战图解版）》一书由李世华主编。

《采购与供应链实战指南（实战图解版）》一书分两篇完成。第一篇为供应链管理基础建设，包括供应链管理概述、智能制造下的智慧供应链、供应链管理的优质工具——SCOR模型、推行供应链管理的基础四章内容；第二篇为采购与供应链过程控制，包括采购管理的规划、供应商开发与管理、采购计划编制、采购订单处理与跟进、物料交货入库控制、原材料仓库管理、生产运作、物流配送——将成品交客户八章内容。

本书的特点是内容全面、深入浅出、易于理解，注重实际操作，对采购与供应链管理的操作要求、步骤、方法、注意事项做了详细的介绍，并提供了大量在实际工作中已被证明行之有效的范本，读者可以根据范本内容，略做修改，为己所用，以节省时间和精力。

由于编者水平有限，书中难免会有疏漏之处，敬请读者批评指正。

编者

目录

第一篇　供应链管理基础建设

供应链管理（SCM）是一种集成的管理思想和方法，供应链管理的应用是在企业资源规划（ERP）的基础上发展起来的，并依托于企业信息化平台。它把企业的销售预测、市场计划、PMC物控、采购管理、制造过程、库存数据、供应商和客户数据合并在一起，从一个统一的视角分析影响产品生产制造过程中的各种因素，确保运营总成本达到最佳化。

第一章　供应链管理概述 ···002

一、何谓供应链 ···003

二、供应链的特征 ···003

三、供应链管理的意义 ···004

四、供应链管理的实施步骤 ·····································005

第二章　智能制造下的智慧供应链 ·······················009

一、智慧供应链的定义 ···010

二、智慧供应链的特点 ···010

三、智慧供应链建设的意义 ·····································010

四、智慧供应链建设的未来路径 ·······························011

第三章　供应链管理的优质工具——SCOR 模型 ·······013

一、SCOR 模型的起源 ···014

二、SCOR 模型的涵盖范围 ·····································014

三、SCOR 模型的组成部分 ·····································014

四、SCOR 模型的结构 ···015

第四章　推行供应链管理的基础 ·· 022

　　一、供应链管理组织基础 ··· 023

　　二、建立供应链管理系统 ··· 024

　　　　他山之石　某公司SCM系统介绍 ··· 026

　　三、智能物流系统 ··· 030

　　四、建立仓储管理系统 ··· 031

第二篇　采购与供应链过程控制

　　采购与供应链是企业供应链系统的重要组成部分，是企业提高质量、节约成本的关键。建立企业采购供应链系统，首先需要将涉及企业采购的各个环节纳入整个系统中，保证采购过程中各个环节之间的信息畅通，提高工作效率。同时通过信息共享，合理地利用和分配资源，为企业带来最大的效益。

第五章　采购管理的规划 ·· 036

　　一、制定采购政策 ··· 037

　　　　他山之石　某公司物料采购政策 ··· 038

　　二、采购组织制度选择 ··· 040

　　三、制定采购管理制度 ··· 044

　　　　他山之石（1）　采购跟单业务管理办法 ··································· 051

　　　　他山之石（2）　采购时效管理办法 ······································· 055

　　　　他山之石（3）　物资采购周期管理规定 ··································· 057

　　四、采购作业流程设计 ··· 058

　　　　他山之石　某企业采购作业流程图 ······································· 060

第六章　供应商开发与管理 ·· 062

　　一、以合作模式来开展采购业务 ··· 063

　　二、供应商寻找 ··· 064

　　三、供应商评估 ··· 066

　　　　他山之石（1）　供应商评估表（质量） ··································· 067

　　　　他山之石（2）　供应商评估表（商务） ··································· 087

他山之石（3） 供应商评估表（技术与产能）……………091

他山之石（4） 供应商评估报告 ………………………099

四、建立采购认证体系 ………………………………………101

他山之石（1） 样品质量评价表 ……………………106

他山之石（2） 货物采购环境表 ……………………107

五、采购品质管理 ……………………………………………108

他山之石 质量保证协议范例 ………………………111

六、采购合同管理 ……………………………………………114

第七章 采购计划编制 ……………………………………122

一、采购计划的目标 …………………………………………123

二、采购计划的类型 …………………………………………123

三、编制采购计划的依据 ……………………………………124

四、编制采购数量计划 ………………………………………125

五、制订采购认证计划 ………………………………………127

六、制订采购订单计划 ………………………………………131

七、MRP 与采购计划 ………………………………………135

第八章 采购订单处理与跟进 …………………………140

一、确认采购需求 ……………………………………………141

二、准备采购订单 ……………………………………………142

三、确认采购订单 ……………………………………………143

四、跟踪采购订单 ……………………………………………144

第九章 物料交货入库控制 ……………………………149

一、确定交货方式 ……………………………………………150

二、确定交货允许期限 ………………………………………150

三、对验收管理做出明确规定 ………………………………151

四、物料入库准备 ……………………………………………152

五、物料接收入库 ……………………………………………154

六、物料入库登记 ……………………………………………160

第十章　原材料仓库管理 ·· 162

　　一、日常储存管理 ·· 163

　　二、物品搬运管理 ·· 166

　　三、物料出库管理 ·· 168

　　四、物料异动管理 ·· 171

　　五、呆、废料管理 ·· 173

　　六、盘点管理 ·· 177

第十一章　生产运作 ·· 179

　　一、生产管理的要求 ·· 180

　　二、制订生产计划 ·· 180

　　三、把握物料状况 ·· 183

　　四、生产进度控制 ·· 187

　　五、生产质量控制 ·· 189

　　六、成品及时入库 ·· 192

第十二章　物流配送——将成品交客户 ································ 194

　　一、物流配送作业的特点 ·· 195

　　二、物流配送的基本作业流程 ···································· 195

　　三、物流配送的准备工作 ·· 199

　　四、发货与装车 ·· 202

　　五、做好出库台账管理 ·· 204

　　六、物流配送的注意事项 ·· 207

　　七、物流配送效率的提高 ·· 209

　　　　他山之石　物流配送管理制度 ······························ 210

第一篇

供应链管理基础建设

　　供应链管理（SCM）是一种集成的管理思想和方法，供应链管理的应用是在企业资源规划（ERP）的基础上发展起来的，并依托于企业信息化平台。它把企业的销售预测、市场计划、PMC物控、采购管理、制造过程、库存数据、供应商和客户数据合并在一起，从一个统一的视角分析影响产品生产制造过程中的各种因素，确保运营总成本达到最佳化。

　　本篇主要由以下章节组成。

　　➡ 供应链管理概述

　　➡ 智能制造下的智慧供应链

　　➡ 供应链管理的优质工具——SCOR模型

　　➡ 推行供应链管理的基础

第 一 章

供应链管理概述

导　读

供应链管理就是要整合供应商、制造部门、库存部门和配送商等供应链上的诸多环节，减少供应链的成本，促进物流和信息流的交换，以求在正确的时间和地点，生产和配送适当数量的正确产品，提高企业的总体效益。

学习目标

1.了解供应链管理的定义及其特征，以期对供应链管理有一个宏观的认识。

2.了解供应链管理的意义，从而树立供应链管理的决心。

3.了解供应链管理的实施步骤，掌握各个步骤的操作要点和方法。

学习指引

序号	学习内容	时间安排	期望目标	未达目标的改善
1	何谓供应链			
2	供应链的特征			
3	供应链管理的意义			
4	供应链管理的实施步骤			

一、何谓供应链

按照美国供应链委员会的定义，供应链囊括了涉及生产与交付最终产品和服务过程中的一切活动，从供应商的供应商到客户的客户。供应链管理包括管理供应与需求，原材料、备品备件的采购、制造、分装配送，物品的存放及库存查询，客户订单的录入与管理，渠道分销到最终交付用户。

供应链是一个非常复杂的网链结构（图1-1），覆盖了从原材料供应链、零部件供应链、产品制造商、分销商、零售商直至最终客户的整个过程。

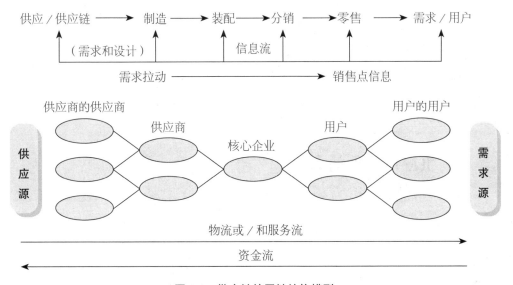

图1-1　供应链的网链结构模型

在实际的供应链运作中，有一个企业处于核心地位，该企业扮演着对供应链上的信息流、资金流和物流的调度与协调中心的角色。图1-1可以看出，其他节点企业在核心企业需求信息的驱动下，通过供应链的职能分工与合作（生产、分销、零售等），以资金流、物流或/和服务流为媒介实现整个供应链的不断增值。

二、供应链的特征

从供应链的结构模型可以看出，供应链是一个网链结构，由围绕核心企业的供应商、供应商的供应商和用户、用户的用户组成。一个企业是一个节点，节点企业和节点企业之间是一种需求与供应关系。供应链主要具有图1-2所示的特征。

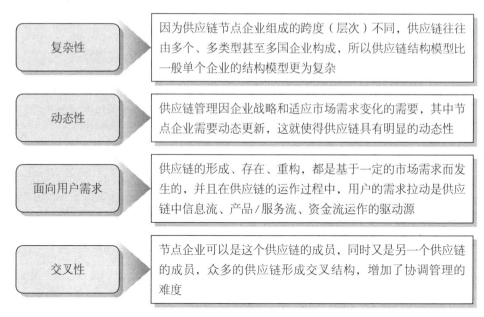

图1-2　供应链的特征

三、供应链管理的意义

供应链优化的最终目的是满足客户需求，降低成本，实现利润，其意义如图1-3所示。

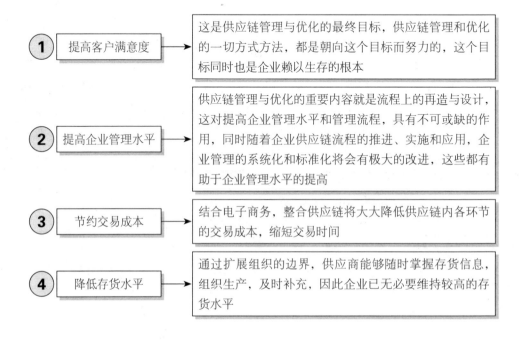

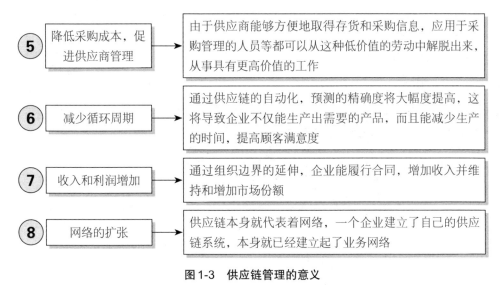

图1-3 供应链管理的意义

四、供应链管理的实施步骤

对于供应链管理的实施，应掌握以下几项基本步骤。

（一）制订供应链战略设施计划

实施供应链管理战略首先应该制订可行的计划，这项工作一般分为如图1-4所示的四个步骤。

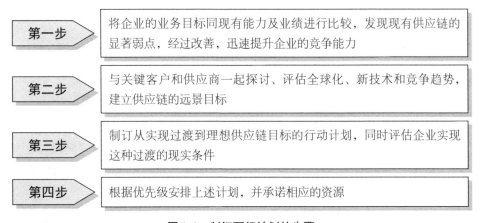

图1-4 制订可行计划的步骤

根据实施计划，首先定义长期的供应链结构，使企业在与正确的客户建立正确的供应链中，处于正确的位置；然后重组和优化企业内部和外部的产品、信息和资金流；最后在供应链的重要领域（如库存、运输等）提高质量和生产率。

（二）构建供应链

现代供应链的重心已向销售领域倾斜，在市场日益规范、竞争日趋激烈的情况下，建立供应链，推行供应链管理是企业必须采取的对策。企业可以采取以下主要措施建立供应链（图1-5）。

措施一	明确企业在供应链中的地位

供应链由原材料、制造商、分销商、零售商及消费者组成。一条富有竞争力的供应链要求组成供应链的各成员都具有较强的竞争力，不管每个成员为整个供应链做什么，都应该是专业化的，而专业化就是优势。在供应链中总会有处于从属地位的企业。任何企业都不可能包揽供应链的所有环节，它必须根据企业的优势来确定自己的位置，制定相关的发展战略，如对业务活动进行调整和取舍，着重培养自己的优势业务等

措施二	建立物流网络

企业的产品能否通过供应链快速地分销到目标市场上，这取决于供应链上物流网络的健全程度及市场开发状况等，物流网络是供应链存在的基础。供应链在组建物流网络时应该最大限度地追求专业化

措施三	广泛采用信息技术

物流环节的信息则较难收集，企业应该通过应用条码及其他自动数据采集系统进行采集。供应链的领导还应该倡导建立供应链管理信息系统

图1-5　构建供应链的主要措施

（三）改进供应链流程

企业的目标决定着应该在哪个部门投入改造的努力。企业供应链流程改造，本质上可从使命导向或问题导向来衡量。使命导向追求差异化，问题导向追求效率。因此，前者的流程范围必须根据使命重新理清，后者的流程范围则相当清楚而容易确认；前者改造的重点是关键流程整合，后者改造的重点则是流程分析与原因确认；对于绩效指标，前者为修改和建立新的指标，后者为确认并努力减少差异的指标。

企业若遇到新产品导入时效慢、交货准确率差、存货周转率差、产品成本过高等问题，必须进行企业流程改造，这属于问题导向，策略应是以新的做法维持企业的竞

争优势。基本上，企业流程改造必须考虑策略、基础架构、流程、信息科技、变革迹象等要素所形成的基本架构。

（四）评估供应链管理绩效

供应链管理绩效的评价指标应该是基于业务流程的绩效评价指标，能恰当地反映供应链整体运营状况以及上下节点企业之间的运营关系，而不是孤立地来评价某一供应商的运营情况。供应商的评价指标包括以下方面。

1.产销率指标

工业产品销售率（产销率）是指工业企业在一定时期内已经销售的产品总量与可供销售的工业产品总量之比，它反映工业产品生产实现销售的程度，即生产与销售衔接程度，这一比率越高，说明产品符合社会现实需要的程度越大；反之则小。企业供应链产销率是指一定时期内供应链各节点已销售出去的产品和已生产的产品数量的比值。

$$产销率=\frac{一定时期内供应链某节点已销售产品数}{一定时期内供应链该节点已生产产品数}\times100\%$$

该指标可反映供应链各节点在一定时期内的产销经营状况、供应链资源（包括人、财、物、信息等）有效利用程度、供应链库存水平。该指标值越接近1，说明供应链节点的资源利用程度越大，成品库存越小。

2.产需率指标

产需率是与产销率密切相关的一个指标，它从另一个角度衡量了供应链系统的整体运营状况。产需率是指在一定时期内，企业供应链各节点已生产的产品数（或提供的服务）与其下游节点（或用户）对该产品（或服务）的需求量的比值，即

$$产需率指标=\frac{一定时期内某节点已生产的产品数（或提供的服务）}{一定时期内下游节点（或用户）对该产品（或服务）的需求数}\times100\%$$

该指标反映供应链各节点间的供需关系。产需率越接近1，说明上下游节点间的供需关系越协调，准时交货率越高；反之则说明上下游节点间的准时交货率低或综合管理水平较低。

根据企业管理中的"木桶原理"，在实际评价中，可以选取"木桶"中最短的那块"木板"，即产需率最低的节点作为企业供应链产需率总体评价的指标值。

3.产品出产（或服务）循环期指标

供应链产品出产（或服务）循环期是指供应链各节点产品出产（或服务）的出产

节拍或出产间隔时间。该指标可反映各节点对其下游节点需求的响应程度。循环期越短，说明该节点对其下游节点的快速响应性越好。

在实际评价中，可以以各节点的循环期总值或循环期最长的节点指标值作为整个供应链的产品出产（或服务）循环期。

4.供应链总运营成本指标

供应链总运营成本包括供应链通信成本，各物料、在制品、成品库存费用，各节点内外部运输总费用等，反映的是供应链的运营效率。

5.库存周转率

库存周转率是指某时间段的出库总金额（总数量）与该时间段库存平均金额（或数量）的比，是指在一定时期（一年或半年）内库存周转的速度。库存周转率实际评价中可用如下公式进行计算。

$$库存周转率 = \frac{使用数量}{库存数量} \times 100\%$$

使用数量并不等于出库数量，因为出库数量包括一部分备用数量。除此之外也有以金额计算库存周转率的。同样，使用金额并不等于出库金额。

$$库存周转率 = \frac{使用金额}{库存金额} \times 100\%$$

6.准时交货率指标

准时交货率是指在一定时期内供应链各节点准时交货（或服务）次数占其总交货次数的比率（%）。准时交货率低，说明其协作配套的生产（服务）能力达不到要求，或对生产（服务）过程的组织管理能力跟不上供应链运行要求；反之，则说明供应链的生产（服务）能力强，生产管理水平高。

7.成本利润率指标

成本利润率是指供应链各节点单位产品（服务）净利润占单位产品（服务）总成本的比率（%）。产品（服务）成本利润率越高，说明供应链的盈利能力越强，企业的综合管理水平越高。

8.产品质量合格率指标

产品质量合格率是指供应链各节点提供的质量合格的产品（服务）数量占产品（服务）总产量的比率（%），它反映供应链节点提供货物的质量水平。

第章

智能制造下的智慧供应链

导　读

　　在新的智能经济时代，许多先进的管理模式如准时制（Just In Time，JIT）生产方式、敏捷供应链等得到应用。显然，这些模式能够提升供应链运作效率，同时也造成了供应链在抵抗各类干扰事件风险时应对能力的不足。这种背景下，智慧供应链应运而生。

学习目标

1.了解智慧供应链的定义、智慧供应链的特点及智慧供应链建设的意义。
2.掌握智慧供应链建设的未来路径。

学习指引

序号	学习内容	时间安排	期望目标	未达目标的改善
1	智慧供应链的定义			
2	智慧供应链的特点			
3	智慧供应链建设的意义			
4	智慧供应链建设的未来路径			

一、智慧供应链的定义

智慧供应链是结合物联网技术和现代供应链管理的理论、方法和技术，在企业中和企业间构建的，实现供应链的网络化、可视化、自动化、智能化的技术与管理的综合集成。

智慧供应链的核心是着眼于使供应链中的成员在信息流、物流、资金流等方面实现无缝对接，尽量消除不对称信息因子的影响，最终从根本上解决供应链效率问题。

二、智慧供应链的特点

在智能制造时代，相较于传统供应链，智慧供应链具有更多的市场要素、技术要素和服务要素，呈现出如图2-1所示5个显著特点。

1	侧重全局性，注重系统优化与全供应链的绩效，强调"牵一发而动全身"
2	强调与客户及供应商的信息分享和协同，真正实现通过需求感知形成需求计划，聚焦于纵向流程端到端整合，并在此基础上形成智慧供应链
3	更加看重提升客户服务满意度的精准性和有效性，促进产品和服务的迭代升级
4	更加强调以制造企业为切入点的平台功能，涉及产品生命周期、市场、供应商、工厂建筑、流程、信息等多方面要素
5	重视基于全价值链的精益制造，从精益生产开始，到拉动精益物流、精益采购、精益配送

图2-1 智慧供应链的特点

总之，智慧供应链上不再是某个企业的某人或者某个部门在思考，而是整条供应链都在"思考"。

三、智慧供应链建设的意义

智慧供应链建设具有如下意义。

① 它是智能制造的基础：如果没有良好的智慧供应链基础，那么制造智能化基础也就变得零碎，不成系统，再好的智能产品也都可能变成"僵尸机器人"

② 它是商业模式创新与先机的引导者：如果没有智能化的供应链引导，智能制

造仅仅是生产模式的转变，无法形成商业模式的创新和升级。

③ 它是智能化逻辑思考的动力源泉：失去动态供应链全过程适时智能化监控的智能制造，也仅仅是解决了看得见的智能化，没有解决逻辑的智能化，于是供应链还是无法"思考"，即对于过程中数据差异无法进行自反馈、自补偿、自优化。

④ 协同性强：以客户需求拉动，做出相对应的生产计划、物料需求计划、配送计划。

⑤ 供应链可视化：随时掌握供应链的信息，并可以通过智能仿真来排查异常。

⑥ 智慧供应链是以总成本最优、最佳交付为目标而建设的，它将大大提升企业的市场竞争力。

四、智慧供应链建设的未来路径

（一）强化供应链战略

面对智能制造，制造企业需要加深对智慧供应链的理解，制定智慧供应链发展战略，明确个性化的供应链发展方向，如智慧化等级、客户服务的响应等级、产品的流转效率等，引领企业生产向智能化迭代升级，保证企业运营发展目标的实现。

（二）建设智能物流系统

制造业解决方案应以现代信息技术为基础，通过一体化管理，统筹安排物料管理、物流作业管理、物流系统状态监控及物流信息管理，实现供应链的统一控制，全方位支持整体运营。具体应建设如图2-2所示的三个系统。

订单管理系统	企业通过订单管理系统，可以做到生产货源安排公开透明，全程可视化，产品能更加适应和满足消费者的需要。其业务流程主要有订单登记、订单处理、仓储指令、运输指令
运输管理系统	企业通过运输管理系统，实现对车辆运输的运输前生产调度、运输过程、运输后的统计结算等全过程的系统管理，通过有效的系统运算及派车建议，整合区域派送原则、货运公司及运价表、地理性信息，使信息流及物流能够同步，从而减少人工配单、人工统计的工作量
仓储管理系统	企业通过仓储管理系统，依据货物本身的特性及类别区分不同的储存策略，主要管理仓库的进库、出库、盘库、转库及生产加工等业务。同时管控仓储中所必须掌握的各项资源，包括空间资源、人力资源、设备资源等

图2-2　建设智能物流系统

（三）打造智慧物流供应链平台

智慧物流供应链建设同样离不开供应链上下游企业的协同互动。当前，制造企业应该通过物联网、云计算等信息计算与制造技术融合，构建智慧供应链平台，实现与上下游企业的软硬件制造资源的全系统、全生命周期、全方位的联动，进而实现人、机、物、信息的集成、共享，最终形成智慧供应链生态圈。

第三章

供应链管理的优质工具——SCOR模型

导　读

　　SCOR模型被遍布世界各地的、各行各业的众多企业所采用，为这些企业带来了巨大的效益。SCOR模型被认为是为企业进行供应链评估和流程再造的最佳工具之一。SCOR是一个为供应链伙伴之间有效沟通而设计的流程参考模型，是一个帮助管理者聚焦管理问题的标准语言。作为行业标准，SCOR帮助管理者关注企业内部供应链。

学习目标

　　1.了解SCOR模型的起源、SCOR模型的涵盖范围，以帮助企业开发流程改进策略。

　　2.掌握SCOR模型的组成部分、SCOR模型的结构，以助于供应链的评估和流程再造。

学习指引

序号	学习内容	时间安排	期望目标	未达目标的改善
1	SCOR 模型的起源			
2	SCOR 模型的涵盖范围			
3	SCOR 模型的组成部分			
4	SCOR 模型的结构			

一、SCOR模型的起源

SCOR，英文全称为Supply-Chain Operations Reference-model，是由国际供应链协会（Supply-Chain Council）开发支持，适合于不同工业领域的供应链运作参考模型。

1996年春，两个位于美国波士顿的咨询公司——Pittiglio Rabin Todd & McGrath（PRTM）和AMR Research（AMR）为了帮助企业更好地实施有效的供应链管理，实现从基于职能管理到基于流程管理的转变，牵头成立了供应链协会（Supply-Chain Council，SCC），并于当年底发布了供应链运作参考模型（SCOR）。

二、SCOR模型的涵盖范围

SCOR是第一个标准的供应链流程参考模型，是供应链的诊断工具，它涵盖了几乎所有行业。SCOR使企业间能够准确地交流供应链问题，客观地评测其性能，确定性能改进的目标，并影响今后供应链管理软件的开发。流程参考模型通常包括一整套流程定义、测量指标和比较基准，以帮助企业开发流程改进的策略。

SCOR的具体涵盖范围包括以下内容。

① 所有与客户之间的相互往来，从订单输入到货款支付所有产品（物料实体和服务）的传送，从你的供应商的供应商到你的客户的客户，包括设备、原材料、配件、大批产品、软件等。

② 所有与市场之间的相互影响，从对累计总需求的理解到每项订单的完成。

三、SCOR模型的组成部分

SCOR模型主要由四个部分组成：供应链管理流程的一般定义，对应于流程性能的指标基准，供应链"最佳实施"的描述，以及选择供应链软件产品的信息。SCOR模型把业务流程重组、标杆比较和流程评测等著名的概念集成到一个跨功能的框架之中，如图3-1所示。

SCOR是一个为供应链伙伴之间有效沟通而设计的流程参考模型，是一个帮助管理者聚焦管理问题的标准语言。作为行业标准，SCOR帮助管理者关注企业内部供应链。SCOR是用于描述、量度、评价供应链的工具。

描述：规范的SCOR流程定义实际上允许任何供应链配置。

量度：规范的SCOR尺度能使供应链绩效平衡量和标杆进行比较。

评价：供应链配置可以被评估以支持连续的改进和战略计划编制。

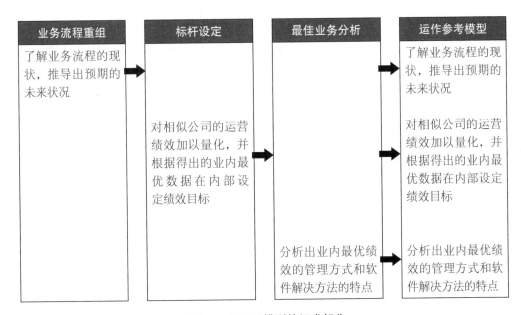

图3-1　SCOR模型的组成部分

四、SCOR模型的结构

（一）五大流程

SCOR模型将供应链界定为计划（Plan）、采购（Source）、生产（Make）、配送（Deliver）、退货（Return）五大流程，并分别从供应链划分、配置和流程元素三个层次切入，描述了各流程的标准定义、对应各流程绩效的衡量指标，提供了供应链"最佳实施"和人力资源方案（图3-2）。

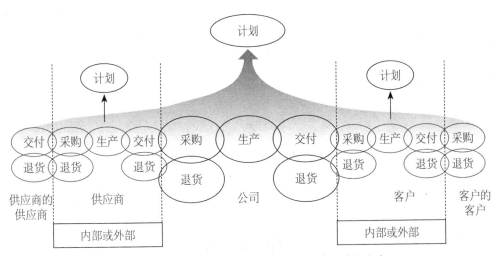

图3-2　SCOR模型建立在五个不同的管理流程之上

五个不同的管理流程的业务内容如表3-1所示。

表3-1　五个不同的管理流程的业务内容

序号	流程	业务内容
1	计划	（1）评估企业整体生产能力、总体需求计划以及针对产品分销渠道进行库存计划、分销计划、生产计划、物料及生产能力的计划 （2）制造或采购决策的制定，供应链结构设计、长期生产能力与资源规划、企业计划、产品生命周期的决定，生产正常运营的过渡期管理、产品衰退期的管理与产品线的管理等
2	采购	（1）寻找供应商/物料收取：获得、接收、检验、拒收与发送物料；供应商评估、采购运输管理、采购品质管理、采购合约管理、进货运费条件管理、采购零部件的规格管理 （2）原材料仓库管理：原材料运送和安装管理，运输管理、付款条件管理以及安装进度管理 （3）采购支持业务：采购业务规则管理、原材料存货管理
3	生产	（1）生产运作：申请及领取物料、产品制造和测试、包装出货等；工程变更、生产状况掌握、产品质量管理、现场生产进度制定、短期生产能力计划与现场设备管理、在制品运输 （2）生产支持业务：制造业务规格管理、在制品库存管理
4	配送	（1）订单管理：订单输入、报价、客户资料维护、订单分配、产品价格资料维护、应收账款管理、受信、收款与开立发票等 （2）产品库存管理：存储、拣货、按包装明细将产品装箱、制作客户特殊要求的包装与标签、整理确认订单、运送货物 （3）产品运输安装管理：运输方式安排、出货运费调校管理、货品安装进度安排、进行安装与产品试运行 （4）配送支持业务：配送渠道的决策制定、配送存货管理、配送品质的掌握和产品的进出口业务
5	退货	（1）原料退回。退还原料给供应商，包括与商业伙伴的沟通、准备好文件资料以及物料实体的返还和运送 （2）产品退回。接受并处理从客户处返回的产品，包括商业伙伴的沟通、准备好文件资料以及物料实体的返还、接受和处理

（二）SCOR模型的层次

SCOR模型是一种采用标准符号形式，自上而下分析供应链的特征要素，对供应链及其管理进行有效识别的方式。按照流程定义，SCOR模型的层次如表3-2所示。

表3-2　SCOR模型的层次

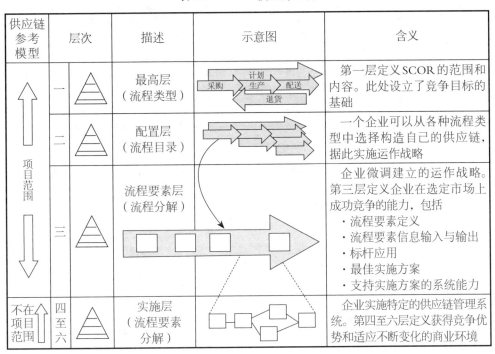

每一层都可用于分析企业供应链的运作。在第三层以下还可以有第四、第五、第六等更详细的属于各企业所特有的流程描述层次，这些层次中的流程定义不包括在SCOR模型中。

1.第一层：最高层

最高层提供一个广泛的对计划、采购、制造、交付、退货过程类型的定义（图3-3），是一个企业建立供应链目标的起点。

计划	采购	制造	交付	退货
一系列流程	**一系列流程**	**一系列流程**	**一系列流程**	**一系列流程**
平衡集合的需求，提供最佳方案满足采购、生产和交付要求的行动过程	采购商品和服务以满足计划的及实际的需要	交换产品到完成状况以满足计划的及实际的需要	提供产成品以满足计划的及实际的需要，包括订单管理、运输管理和分销管理	有关任何原因导致产品的退回或接收。这些流程延伸到发送后的用户支持

图3-3　第一层：最高层的流程定义

企业通过对第一层SCOR模型的分析，可根据下列供应链运作性能指标（表3-3）做出基本的战略决策。

表3-3 供应链运作性能指标

性能特征	性能特征定义	第一层衡量指标
供应链配送可靠性	供应链配送的性能特征：正确的产品，到达正确的地点，正确的时间，正确的产品包装和条件，正确的质量和正确的文件资料，送达正确的客户	配送性能
		完成率
		完好订单的履行
供应链的反应	供应链将产品送达到客户的速度	订单完成提前期
供应链的柔性	供应链面对市场变化获得和维持竞争优势的灵活性	供应链响应时间
		生产的柔性
供应链成本	供应链运营所耗成本	产品销售成本
		供应链管理总成本
		增值生产力
		产品保证成本/退货处理成本
供应链管理的资产利用率	一个组织为满足需求从而利用资本的有效性，包括各项资本的利用：固定资本和运营资本	现金周转时间
		供应库存总天数
		净资产周转次数

2. 第二层：配置层

配置层（图3-4）定义了各个子流程，这些都有可能是供应链的组成部分。企业可以从这些核心过程中选择适合自己需要的，构造实际的或理想的供应链。

每一个SCOR流程都分三种流程元素进行详细描述。

计划元素：调整预期的资源以满足预期需求量。计划流程要达到总需求平衡以及覆盖整个规划周期。定期编制计划流程能有利于供应链的反应时间。计划流程同时综合模型中的部分及企业。

执行元素：由于计划或实际的需求引起产品形式变化，需要执行的流程包括进度和先后顺序的排定、原材料及服务的转变与产品搬运。

支持元素：计划和执行过程所依赖的信息及内外联系的准备、维护与管理。

3. 第三层：流程要素层

流程要素层为企业提供提高供应链绩效所需要的计划和设置目标的信息（图3-5）。计划部分包括流程要素定义、问题诊断、行业目标选择、系统软件能力等。

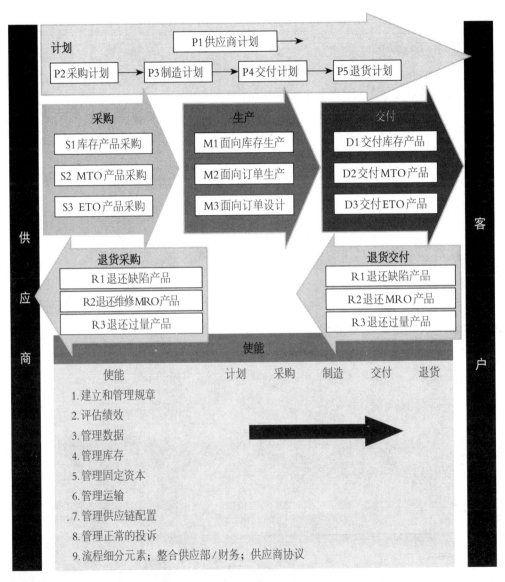

图3-4　第二层：配置层

MTO（Make To Order），即面向订单生产；ETO（Engineering To Order），即面向订单设计；
MRO（Maintenance, Repair & Operations），即维护、维修、运行

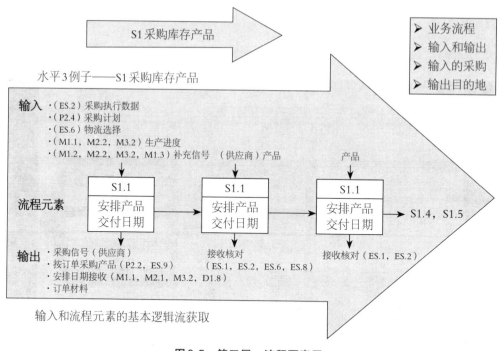

图3-5 第三层：流程要素层

4.第四至六层：实施层

第四至六层属于各企业所特有的更详细的流程描述层次，这些层次中的流程定义不包括在SCOR模型中，但企业可以自行构建（图3-6和图3-7）。

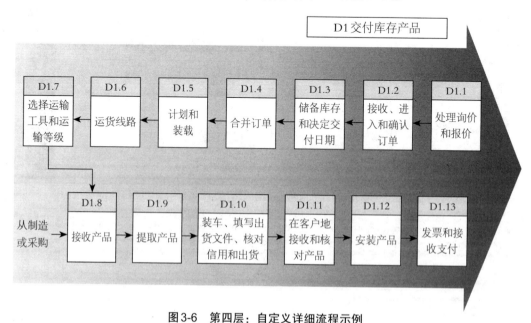

图3-6 第四层：自定义详细流程示例

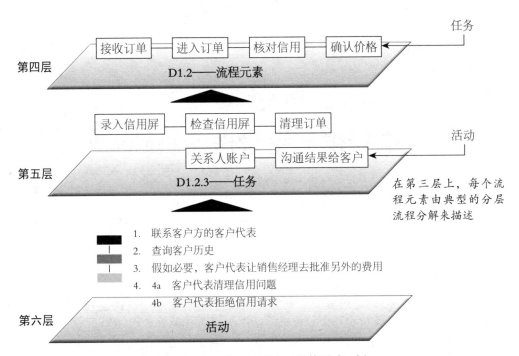

图3-7　第四层以下自定义具体活动示例

第四章

推行供应链管理的基础

导 读

供应链涉及供应商到客户的最终产品的生产与交付的一切过程，它包括了从原材料到最终用户的相关联的所有活动。本章主要着眼于内部供应链管理，即从企业外部采购原材料和零部件，通过生产加工和销售，传递到零售商和用户的过程管理。而要做好这一过程管理，必须做好一些基础工作。

学习目标

1.了解企业内部供应链管理中各岗位和各部门的职责。

2.了解供应链管理系统的含义、建设的目的，掌握供应链管理系统应具备的功能模块。

3.了解新形势下智能制造对物流系统的要求。

4.了解仓储管理系统的优势，掌握仓储管理系统可实现的功能。

学习指引

序号	学习内容	时间安排	期望目标	未达目标的改善
1	供应链管理组织基础			
2	建立供应链管理系统			
3	智能物流系统			
4	建立仓储管理系统			

一、供应链管理组织基础

供应链管理是跨部门的事情，单单一个部门经理是无法推动供应链管理的，在企业高层，需要一个专门负责供应链运作的副总经理，这是企业持续进行供应链优化的组织基础。通过设立层次或者职位很高的专门部门或者职位，可以加强部门之间的协调，促进供应链改进项目的落实。此外，企业还可以通过项目组的方式来推进供应链的优化。这需要任命企业高层管理人员作为项目组负责人，以使得项目组具有必要的权威性，保证推进项目所必需的协调职能。作为组织基础的一部分，对人员的必要知识培训是供应链管理基础的一个重要组成部分。

以下为某企业供应商管理的职责。

① 总经理或总经理授权管理者代表负责供应商管理实施的监督与资源调配的工作。

② 采购部和相关部门负责市场与竞争环境的分析。

③ 采购部和相关部门负责公司供应链的分析，并及时总结、分析企业供需现状。

④ 财务部负责公司的支出分析，其他相关部门给予配合。

⑤ 采购部和相关部门负责公司供应链的设计与管理，其他相关部门给予配合。

⑥ 采购部负责与物料供应商的沟通与协调工作，并严格按照供应商管理的要求进行公司的采购作业，对其进行管理，其他相关部门给予配合。

⑦ 工程维修部、人力资源部和执行部等相关部门分别负责收集并分析技术支持与服务的信息、仓储与物流供应商的相关信息，并协助采购部对其进行管理。

⑧ 采购部和相关部门负责组织、实施对供应商供应活动的综合评价，其他相关部门给予配合。

⑨ 品研部负责协助采购部完成供应商评选的活动，并制定相应的品质与安全标准和供应商期望，其他相关部门给予配合。

⑩ 品研部负责收集、统计、分析供应商供应活动的不符合项（质量问题及事故），并建立供应商质量档案，为供应商综合评价提供有效且准确的数据，协助采购部推动供应商管理工作的顺利开展。

⑪ 品研部和相关部门负责组织、协调供应商供应活动中的不符合项（质量问题及事故）处理，以及原因分析和改进工作，其他相关部门给予配合。

⑫ 财务部负责协助采购部评估供应商的财务和信用状况，并严格执行对供应商供应活动不符合项（质量问题及事故）的经济溯源与索赔工作。

⑬ 生产和包装部负责供应商供应活动中不符合项（质量问题及事故）的测评与统计工作，并及时反馈给相关部门。

二、建立供应链管理系统

供应链中积累的大量数据在企业中如何发挥价值？更多"智"造企业在使用新一代SCM（Supply Chain Management的缩写，供应链管理）系统，实施数字化管理与供应商的全业务过程，内部透明共享，外部高效协同，提高90%供应链效率，降低缺料与库存风险，让每笔采购业务都准确、受控。

供应链综合管理软件是基于协同供应链管理的思想，配合供应链中各实体的业务需求，使操作流程和信息系统紧密配合，做到各环节无缝连接，形成物流、信息流、单证流、商流和资金流"五流合一"的领先模式。实现整体供应链可视化，管理信息化，整体利益最大化，管理成本最小化，从而提高总体水平。

（一）供应链管理系统建设的目的

① 连接企业全程供应链的各个环节，建立标准化的操作流程。

② 建立核心企业的ERP（Enterprise Resource Planning的缩写，企业资源计划）系统，系统中应包括订单信息，供应商和分销商的客户信息以及过往交易的情况，信用度情况，各个管理模块可供相关业务对象独立操作。

③ 具有物流管理系统功能，有效监管货物的收发以及在途情况，通过第四方物流供应链平台整合连通各个管理模块和供应链环节。

④ 要求与银行建立资金渠道的管理功能，主要包括融资方式、支付方式以及相关的金融服务方式，尤其是企业网银等。

⑤ 缩短订单处理时间，提高订单处理效率和订单满足率，降低库存水平，提高库存周转率，减少资金积压。

⑥ 实现协同化、一体化的供应链管理。在综合物流、资金流和商流等信息的基础上，建立供应链的信息平台。

（二）供应链管理系统应具备的功能模块

供应链管理系统主要是为了帮助企业从工厂原材料采购、生产、销售到运输等全动态过程的追踪及管理。完整的供应链闭环以市场和客户需求为导向，根据市场和客户需求，进行产品开发、设计或升级，那么供应链管理系统的功能模块需要基于六大核心业务而构建。

1.市场与客户管理

市场与客户需求应该始终作为整个供应链的开端和导向，客户关系管理的过程就是开发和维护与客户关系的过程。客户需求管理强调的是对顾客个性化需求的管理，它能及时地把顾客的潜在需求及时反馈给设计、生产部门，制造出使顾客满意的产品。通过这个过程，管理者能辨认关键客户和客户需求，并把其作为公司战略的一部分。整个供应链的运作以顾客的需求拉动，供需协调，能够避免推动式供应链管理的弊端。

2.产品开发管理

产品开发管理最需要避免的一个误区就是"闭门造车"。供应链管理的这个过程是要和客户及供应商共同开发产品，并把产品投放到市场。负责产品的设计和商业化过程的团队应该与市场部门合作以确认客户及需求，应该与采购团队合作来选择材料和供应商，与生产团队合作并根据市场的需求来发展新产品和技术。

3.计划与需求管理

需求管理是通过有预见性的预测，使需求和供给相匹配并使计划更有效执行。计划和需求管理不仅指下达订单指令，还包括设计经济订货批量（Economic Order Quantity，EOQ），在最小化的配送成本的基础上满足客户需求等。这是一个平衡客户需求、生产计划和供应能力的过程，包括协调供给和需求，减少波动和不确定性，并对整个供应链提供有效支持。

4.采购与供应管理

供应商与制造商之间需要经常进行有关成本、作业计划、质量控制等信息的交流和沟通，以保持信息的一致性及准确性。同时，企业应实施供应商的有效激励和管理机制，对供应商的关键业绩指标进行评价，使供应商不断改进。

5.生产与运营管理

生产与运营管理模块中包括生产组织（布置工厂，组织生产线，实行劳动定额和劳动组织，设置生产管理系统等）、生产计划（编制生产计划、生产技术准备计划和生产作业计划等）和生产控制工作（控制生产进度、生产库存、生产质量和生产成本等），以实现预期生产的品种、质量、产量和生产成本目标。

6.仓储与物流管理

仓储与物流管理活动主要包括进、出、存三个方面。在仓储和物流管理中，信息化和可视化的应用十分必要，如果信息不能及时被采集、整理、分析和使用，就会造成极大的资金浪费和库存积压。如何提高库存的周转率和资金利用率，降低原材料、半成品、产成品的库存和流通费用，是仓储与物流管理需要解决的问题。

某公司 SCM 系统介绍

SCM 是 Supply Chain Management 缩写，中文译为"供应链管理"。SCM 系统基于协同供应链管理的思想，配合供应链中各实体的业务需求，使操作流程和信息系统紧密配合，做到各环节无缝连接，形成物流、信息流、单证流、商流和资金流"五流合一"的管理系统。

一、SCM 系统的结构

某公司 SCM 系统实施目标是实现整体供应链可视化、管理信息化、整体利益最大化和成本最低化，提高整体供应链系统管理水平。供应链围绕核心企业对信息流、物流、资金流的控制，从采购原材料开始，到在制品及最终产品的制造，最后由销售网络将产品送到消费者手中，供应链是将供应商、制造商、分销商、零售商直到最终用户连成一个整体的功能网链结构。

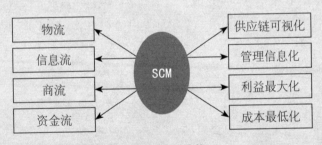

SCM 供应链结构

SCM 系统按照过程进行供应链组织间计划、执行与控制，核心是整个供应链和供应网络的优化以及贯穿于整个供应链的计划的实现。SCM 系统涉及从订单输入到产品交付，再到制造业务流程的整个过程，包括预测、供应链和生产计划、需求和分销管理、运输计划预计等各种业务形式。

SCM 系统是一种集成的管理思想和方法体系，也是一种新的辅助决策智能型管理软件，还是一种全过程的战略管理。供应链管理系统以相应的信息系统管理技术，将从原材料采购直到销售给最终客户的全部企业活动集成在一个无缝连接流程中。

二、SCM 系统的核心功能

供应链管理系统的核心功能模块如下表所示。

供应链管理系统的核心功能模块

序号	功能模块	具体功能
1	基础信息	基础信息模块涵盖了物料信息、供应商信息、作业类型、仓库信息管理、仓管员信息管理
2	采购管理	采购管理模块涵盖了物料采购管理、采购订单管理、采购订单变更、采购退货管理
3	供应商管理	供应商管理模块涵盖了供应商信息、供应商考核信息、供货比例设置、物料更新信息
4	库存管理	库存管理模块涵盖了基础设置、期初数据、入库管理、出库管理、调拨管理、存量查询、账本查询、储蓄分析、库存盘点管理。可根据行业要求和企业管理的特点来定义系统参数，构建所需的库存模块
5	财务管理	财务管理模块涵盖了供应商对账管理、费用预算、常用的财务统计报表、应付款管理以及发票管理等
6	报表管理	报表管理模块涵盖了供应商供货查询，展示供应商的物料报价信息：订单数量、库存信息、采购订单执行查询、请购计划执行查询、库存台账查询、库存盘点综合查询、应付执行查询
7	销售管理	销售管理模块涵盖了销售自动化、销售机会管理、销售预测、计划和目标制订、回款跟进管理、销售的统计查询和报表等。销售管理模块以订单为核心，对企业销售业务的执行过程进行跟踪和管理
8	市场管理	市场管理模块涵盖了市场活动管理、市场信息管理、竞争对手分析、市场渠道管理等
9	服务管理	服务管理模块涵盖了客户服务工作自动化、与呼叫中心集成、合作伙伴入口、客户服务知识库、客户反馈管理、"一对一"服务等
10	订单管理	订单管理模块涵盖了订单统计报表、订单处理流程控制、退货管理、报价管理、报价邀请、动态的报价过程等
11	质量管理	质量管理模块涵盖了质量控制的实现、采购产品的验收等
12	产品设计	产品设计模块涵盖了产品和样品的设计、打样过程等
13	仓储物流管理	仓储物流管理模块对产品进行存储管理、库存管理和物流管理等
14	自定义表单	自定义表单模块涵盖了自定义流程表单、自定义数据表单、自定义电子表格表单、使用自定义明细表、自定义字段扩展等
15	合同管理	合同管理模块涵盖了合同档案管理、合同审批、汇签流程。采购合同管理包括对企业物品、劳务等多种采购合同进行管理。SCM系统不仅对根据采购订单签订的多种合同进行详尽的多层次管理，而且对签订合同的执行状态进行跟踪，为采购管理提供准确和详细的统计、分析信息，实现对合同履行的全程控制和管理

序号	功能模块	具体功能
16	工作任务	工作任务模块涵盖了工作流程控制、督办和跟催、工作总结报告、工作办理过程记录和报告、工作日志、工作质量评估
17	电子商务集成	电子商务集成模块涵盖了创建电子商务网站、B2C电子商务、B2B电子商务等
18	资产管理	资产管理模块涵盖了企业资产管理、设备管理、办公用品管理等
19	个人工具	个人工具模块涵盖了用户界面自定义、个人工作平台、个人资料设置、个人笔记、支持单点登录服务等
20	系统后台	系统后台模块涵盖了系统权限设置和管理、部门管理、成员管理、项目团队、成员集合、数据备份、系统日志管理、数据导入导出工具、系统参数设置、个性化设置内容等。系统权限主要包括：组织访问权限、菜单访问权限、系统功能使用权限
21	其他	其他模块包含邮件管理、密码恢复、加密文档恢复等功能

三、SCM系统的技术架构

SCM系统采用Web Service等技术，基于可扩展的标记语言（XML）、TCP/IP、简单对象访问协议（SOAP）、统一描述、发现和集成协议（UDDI）、Web Services描述语言（WSDL）等技术与协议，实现与上、下游企业的信息共享和交流，如协调厂、供应商、销售商、运输商等单位的资源共享。该公司利用这些技术构建的供应链体系架构简易图如下所示。

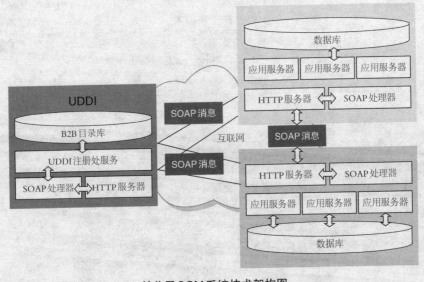

某公司SCM系统技术架构图

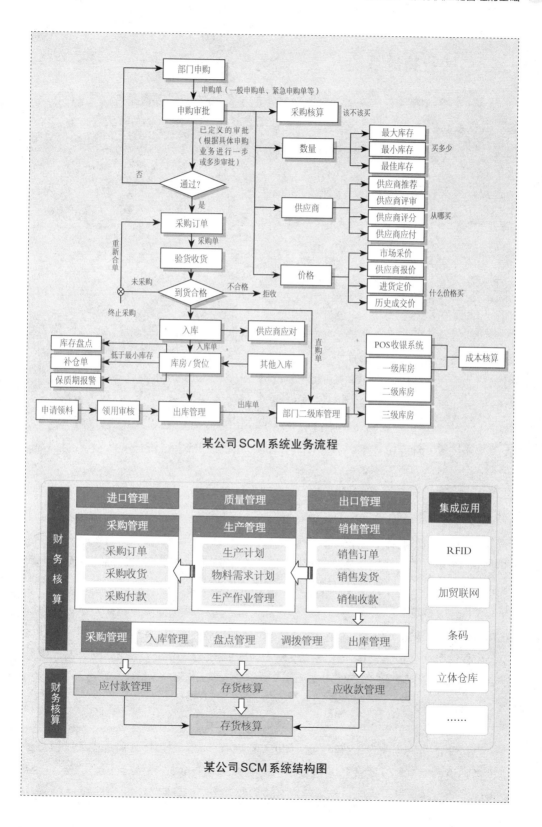

某公司SCM系统业务流程

某公司SCM系统结构图

三、智能物流系统

面对智能制造，整个智慧供应链体系下的智能物流系统应该是智能化的物流装备、信息系统和生产工艺、制造技术与装备的紧密结合。不过目前来看，制造企业的物流系统建设落后于生产装备建设，物流作业仍处于手工或机械化阶段，物流信息化水平不高，距离物流自动化、智能化还有很长的路程。面对这些情况，制造企业需要不断强化智能物流系统建设，加强物联网技术、人工智能技术、信息技术以及大数据、云计算等技术在物流系统中的应用，提高物流信息化水平，实现整个物流流程的自动化与智能化，为智能制造和智慧供应链建设提供强有力的支撑。

那么，新形势下智能制造对物流系统提出了哪些新要求？

（一）高度智能化

智能化是智能物流系统最显著的特征。与人们常说的自动化物流系统有所不同的是，智能物流系统不局限于存储、输送、分拣等单一作业环节的自动化，而是大量应用机器人、激光扫描器、RFID（Radio Frequency Identification的缩写，射频识别）、MES（Manufacturing Execution System的缩写，制造执行系统）、WMS（Warehouse Management System的缩写，仓储管理系统）等智能化设备与软件，融入物联网技术、人工智能技术、计算机技术、信息技术等，实现整个物流流程的自动化与智能化，进而实现智能制造与智能物流的有效融合。

（二）全流程数字化

在智能制造的框架体系内，智能物流系统能够将制造企业内外部的全部物流流程智能地连接在一起，实现物流网络全透明的实时控制。而实现这一目标的关键在于数字化，只有做到全流程数字化，才能使物流系统具有智能化的功能。

个性化、高端化、参与感、快速响应是智能制造下物流的重要特点。未来物流的发展方向是智能的、联通的、透明的、快速的和有效的，而所有物流活动的实现都需要全流程的数字化作为支撑。在这个过程中，大数据、云计算技术的应用将发挥重要作用。

（三）信息系统互联互通

智能制造对物流信息系统也提出了更多的需求：一方面，物流信息系统要与更多的设备、更多的系统互联互通，相互融合，如WMS与MES的无缝连接，这样才能保障供应链的流畅；另一方面，物流信息系统需要更多依托互联网、CPS（Cyber-Physical

Systems 的缩写，信息物理系统）、人工智能、大数据等技术，实现网络全透明和实时控制，保证数据的安全性和准确性，使整个智能物流系统正常运转。

（四）网络化布局

这里所讲的网络化，主要是强调物流系统中各物流资源的无缝连接，做到从原材料开始直到产品最终交付到客户的整个过程的智能化。

德国弗劳恩霍夫研究院中国首席科学家房殿军分析认为，智能物流系统中的各种设备不再是单独孤立地运行，它们通过物联网和互联网技术智能地连接在一起，构成一个全方位的网状结构，可以快速地进行信息交换和自主决策。这样的网状结构不仅保证了整个系统的高效率和透明性，同时也最大限度地发挥每台设备的作用。

（五）满足柔性化生产需要

对于智能制造来说，还有一个极为显著的特征就是"大规模定制"，即由用户来决定生产什么、生产多少。客户需求高度个性化，产品创新周期持续缩短，生产节拍不断加快，这些是智能物流系统必须迎接的挑战。因此，智能物流系统需要保证生产制造企业的高度柔性化生产，根据市场及消费者个性化需求变化来灵活调节生产，提高效率，降低成本。

四、建立仓储管理系统

WMS 翻译成中文就是仓储管理系统，它是一个实时的计算机软件系统，它能够按照运作的业务规则和运算法则，对信息、资源、行为、存货和分销运作进行更完美的管理。

WMS 不但包含了正常的出入库、盘点等库存管理基本功能，重点在于可以实现仓库作业过程的管理，通过条形码及 PDA（Personal Digital Assistant 的缩写，掌上电脑）等技术手段，对仓储中作业动作及过程进行指导和规范，自动采集及记录相关数据，提高作业的准确性、速度，增加仓库管理的效率、透明度、真实度，降低仓储管理成本，从而提高企业的生产力和物流效率。

（一）WMS 的优势

WMS 可以独立执行库存操作，也可以实现物流仓储与企业运营、生产、采购、销售智能化集成，可为企业提供更为完整的物流管理流程和财务管理信息。具体来说，智能仓库 WMS 在实现仓储物流智能化管理业务上的 5 个改进点如图 4-1 所示。

减少资源浪费	（1）减少仓储因得不到有效利用而造成大量空间资源的闲置浪费 （2）对人员进行有效的绩效管理，有责必究，减少人力成本浪费
使账存与实物相符	（1）通过自动采集数据设备、RFID、条形码管理等，进行实物管理 （2）减少因错误的作业或配送所引起的数据不符
降低成本	（1）提高仓库信息化程度、整体仓储物流管理水平及仓储人员素质，并且形成标准作业规范，降低人员流动成本 （2）降低因信息流和物流无法统一一致使总体仓储成本提高
提高效率	基于条形码或RFID进行精确的库位管理和移动无线码枪辅助存储与拣选工具，提升现场作业效率与准确率
便捷追溯	（1）便捷追溯某个有缺陷的零件安装在哪个批次的产品上 （2）成品仓库有效管理，解决市场串货、假货、某批次产品流向精准控制等

图4-1　WMS的优势

（二）WMS可实现的功能

WMS能控制并跟踪仓库业务的物流和成本管理全过程，实现完善的企业仓储信息管理。该系统可以独立执行库存操作，与其他系统的单据和凭证等结合使用，可提供更为全面的企业业务流程和财务管理信息。WMS一般具有以下几个功能模块：管理单独订单处理及库存控制、基本信息管理、货物流管理、信息报表、收货管理、拣选管理、盘点管理、移库管理、打印管理和后台服务系统。以下提供某制造企业WMS的基本功能（表4-1），供读者了解。

表4-1　某制造企业WMS的基本功能

序号	功能模块	功能说明
1	货位管理	采用数据收集器读取产品条形码，查询产品在货位的具体位置（如X产品在A货区B航道C货位），实现产品的全方位管理。通过终端或数据收集器实时查看货位货量的存储情况、空间大小及产品的最大容量，管理货仓的区域、容量、体积和装备限度
2	产品质检	产成品包装完成并粘贴条形码之后，运到仓库暂存区由质检部门进行检验，质检部门对检验不合格的产品扫描其包装条形码，并在采集器上做出相应记录，检验完毕后把采集器与计算机进行连接，将数据上传到系统中；对合格的产品生成质检单，由仓库保管人员执行生产入库操作

续表

序号	功能模块	功能说明
3	产品入库	从系统中下载入库任务到采集器中，入库时扫描其中一件产品包装上的条形码，在采集器上输入相应数量，扫描货位条形码（如果入库任务中指定了货位，则采集器自动进行货位核对），采集完毕后把数据上传到系统中，系统自动对数据进行处理，数据库中记录此次入库的品种、数量、入库人员、质检人员、货位、产品生产日期、班组等所有必要信息，系统对相应货位的产品进行累加
4	物料配送	根据不同货位生成的配料清单包含的非常详尽的配料信息，包括配料时间、配料工位、配料明细、配料数量等，相关保管人员在拣货时可以根据这些条形码信息自动形成预警，对错误配料的明细和数量信息都可以进行预警提示，极大地提高仓库管理人员的工作效率
5	产品出库	产品出库时仓库保管人员凭销售部门的提货单，根据先入先出原则，从系统中找出相应产品数据并下载到采集器中，制定出库任务，到指定的货位，先扫描货位条形码（如果货位错误则采集器进行报警），然后扫描其中一件产品的条形码，如果满足出库任务条件则输入数量执行出库，并核对或记录下运输单位及车辆信息（以便以后产品跟踪及追溯使用），否则采集器可报警提示
6	仓库退货	根据实际退货情况，扫描退货物品条形码，导入系统生成退货单，确认后生成退货明细和账务的核算等
7	仓库盘点	根据公司制度，在系统中根据要进行盘点的仓库、品种等条件制定盘点任务，把盘点信息下载到采集器中，仓库工作人员通过到指定区域扫描产品条形码输入数量的方式进行盘点，采集完毕后把数据上传到系统中，生成盘点报表
8	库存预警	仓库环节可以根据企业实际情况为仓库总量、每个品种设置上下警戒线，当库存数量接近或超出警戒线时，进行报警提示，及时地进行生产、销售等的调整，优化企业的生产和库存
9	质量追溯	此环节的数据准确性与之前的各种操作有密切关系。可根据各种属性如生产日期、品种、生产班组、质检人员、批次等对相关产品的流向进行每个信息点的跟踪；同时也可以根据相关产品属性、操作点信息对产品进行向上追溯。在此系统基础上，信息查询与分析报表可根据需要设置多个客户端，为不同的部门设定不同的权限，无论是生产部门、质检部门、销售部门、领导决策部门都可以根据所赋权限在第一时间内查询到相关的生产、库存、销售等各种可靠信息，并可进行数据分析。同时可生成并打印所规定格式的报表
10	业务批次管理	该功能提供完善的物料批次信息、批次管理设置、批号编码规则设置、日常业务处理、报表查询，以及库存管理等综合批次管理功能，使企业进一步完善批次管理，满足经营管理的需求

续表

序号	功能模块	功能说明
11	保质期管理	在批次管理基础上，针对物料提供保质期管理及到期存货预警，以满足食品和医药行业的保质期管理需求。用户可以设置保质期物料名称、录入初始数据、处理日常单据以及查询即时库存和报表等
12	质量检验管理	集成质量管理功能是与采购、仓库、生产等环节相关的功能，实现对物料的质量控制，包括购货检验、完工检验和库存抽检三种质量检验业务。同时为仓库系统提供质量检验模块，综合处理与质量检验业务相关的检验单、质检方案和质检报表，包括设置质检方案检验、质检业务报表等业务资料以及查询质检报表等
13	即时库存智能管理	该功能用来查询当前物料即时库存数量和其他相关信息，库存更新控制随时更新当前库存数量，查看方式有如下几种 （1）所有仓库、仓位、物料和批次的数量信息 （2）当前物料在仓库和仓位中的库存情况 （3）当前仓库中物料的库存情况 （4）当前物料的各批次在仓库和仓位中的库存情况 （5）当前仓库及当前仓位中的物料库存情况
14	赠品管理	该功能实现赠品管理的全面解决方案，包括赠品仓库设置、连属单据定义、赠品单据设置、定义业务单据联系、日常业务流程处理以及报表查询等功能
15	虚仓管理	仓库不仅指具有实物形态的场地或建筑物，还包括不具有仓库实体形态，但代行仓库部分功能且代表物料不同管理方式的虚仓。仓库管理设置待检仓、代管仓和赠品仓三种虚仓形式，并提供专门单据和报表综合管理虚仓业务
16	仓位管理	该功能在仓库中增加仓位属性，同时进行仓位管理，以丰富仓库信息，提高库存管理质量，主要包括基础资料设置、仓库仓位设置、初始数据录入、日常业务处理和即时库存查询等
17	业务资料联查	单据关联（包括上拉式和下推式关联）是工业供需链业务流程的基础，而单据联查展示了查询业务流程中的单据关系。在仓库系统中提供了单据、凭证、账簿、报表的全面关联，以及动态连续查询
18	多级审核管理	多级审核管理是对多级审核、审核人、审核权限和审核效果等进行授权的工作平台，是采用多角度、多级别及顺序审核处理业务单据的管理方法。它体现了工作流管理的思路，属于ERP系统的用户授权性质的基本管理设置
19	系统参数设置	该功能初始设置业务操作的基本业务信息和操作规则，包括设置系统参数、单据编码规则、打印及单据类型等，帮助用户把握业务操作规范和运作控制
20	波次计划WAVE	将多个订单合成一个订单，或将一个大订单拆分成多个小订单。主要用来提高拣货效率

当然，不同的软件公司开发出来的WMS，其功能也会有差异。

第二篇

采购与供应链过程控制

采购与供应链是企业供应链系统的重要组成部分，是企业提高质量、节约成本的关键。建立企业采购供应链系统，首先需要将涉及企业采购的各个环节纳入整个系统中，保证采购过程中各个环节之间的信息畅通，提高工作效率。同时通过信息共享，合理地利用和分配资源，为企业带来最大的效益。

本篇主要由以下章节组成。

⇨ 采购管理的规划

⇨ 供应商开发与管理

⇨ 采购计划编制

⇨ 采购订单处理与跟进

⇨ 物料交货入库控制

⇨ 原材料仓库管理

⇨ 生产运作

⇨ 物流配送——将成品交客户

第五章

采购管理的规划

导　读

　　所谓采购管理的规划，是指企业的决策层对企业采购和采购管理进行一个深入的、详尽的、有战略性的框架和模式的设计。具体包括采购政策的制定、采购组织制度的选择、采购管理规章制度的制定、采购作业流程的设计等。

学习目标

　　1.了解采购政策的目的，掌握采购政策的内容，以有助于制定合乎本企业实际的采购政策。

　　2.了解采购组织制度的种类、优缺点，能够根据企业实际选择合适的采购组织制度。

　　3.了解企业应该具备哪些采购管理规章制度，为制度的制定打下基础。

　　4.了解采购作业流程的基本步骤，掌握采购作业流程的设计方法。

学习指引

序号	学习内容	时间安排	期望目标	未达目标的改善
1	制定采购政策			
2	采购组织制度选择			
3	制定采购管理制度			
4	采购作业流程设计			

一、制定采购政策

（一）采购政策的重要性

政策是一种声明的性质，用来描述某种行动的意图与方针。其目的是引导组织的行为，以达到它整体的目标。制定采购政策和程序可起到以下作用：

① 在组织中把采购的功能与角色以条文来表示；

② 定义采购管理的部门、责任与采购程序；

③ 确定并改善采购部门和其他功能部门之间的关系；

④ 发展并改良政策和程序上的缺失；

⑤ 将政策标准化及发布、传达；

⑥ 方便训练新进成员以及指导其他人员；

⑦ 促进供应商了解以及合作；

⑧ 落实管理制度并符合政府的要求；

⑨ 提供绩效评估的标准；

⑩ 提高采购部门的专业水准。

（二）采购政策的内容

采购政策为采购人员从事采购活动时，提供了全面性及长期性的决策原则。有些企业会制定明确而单独的采购政策声明书；有些企业则将有关政策分散于各项采购作业规范当中。而通常，一个企业的采购政策主要包括以下内容：

① 物料采购是用集中还是分散的方式办理；

② 物料采购计划应根据物料需求计划而拟订；

③ 确定对列入存量管制的物料和非存量管制的物料分别采用何种方式来管理；

④ 公开招标、比价、议价方式的决定原则；

⑤ 国外或国内采购的决定原则及办理方式；

⑥ 选择直接向制造厂或通过经销商、代理商来采购的决定原则；

⑦ 在一定采购金额以上，询价或报价厂商数量的规定；

⑧ 长期或短期合约方式采购的原则；

⑨ 品质、时效与价格哪一个为优先的原则；

⑩ 采购人员不可下订单给不合格的供应商的原则；

⑪ 采购人员应秉持客观公正的态度，并保持价值分析观念从事工作的规定。

以下提供某公司的采购政策供大家在为企业制定采购政策时参考。

某公司物料采购政策

1.本公司对物料的供应采用集中采购制度。

2.本公司物料采购计划应根据物料需求计划来拟订。

3.本公司对储备物料采用预购备用方式采购，对非储备物料采用现用现购方式采购。

4.本公司采购人员应采取客观公正的态度并保持价值观念来从事业务。

5.本公司对国外采购应经由供应商或制造商以询价、比价、议价或投标方式来办理；对国内采购为现货、期货者，应经由供应商或制造商来采购；其为订制（当地制造）者应直接向制造商订购，以询价、比价、议价或投标方式办理。

6.每一购案的供应商或制造商，除因采购金额微小或因事实上不可能外，应以指定两家或两家以上询价为原则。

7.本公司采购在必要时以订立长期或短期采购合约方式办理。是否订约及订约期的长短，应结合本公司最有利的因素来加以考虑。

8.本公司对物料采购应加强发挥计划与预算的功能，以增进效率，降低成本。

9.本公司对物料采购应实施市场调查工作，建立有关资料，作为选择供应商或制造商的依据。

10.本公司对物料采购工作的进行，应实施独立的追踪制度，以增进工作效能。

11.本公司对物料采购应保持完整的记录，以供充分参考运用。

12.本公司为实施扩充计划的需要而设置扩建委员会时，对采购业务职责的规定，应依总经理室核定的为准。

（三）采购政策的制定步骤

要建立一套完善的采购政策是相当费时的，它需要各部门之间的配合以及各管理阶层的协助。

制定采购政策的步骤并没有一定的先后次序，有些步骤可以同时进行。因为政策的准备、撰写以及核准是一个循环性的流程，在其真正落实以前，必须历经多次的讨论，这些步骤如图5-1所示。

第一步	获得采购和高层主管的支持与认同，包括对于提供资源的承诺、跨部门之间沟通的协助
第二步	搜集并整编相关的题材，包括政策和程序的范本。可从其他公司的同事、朋友、专业顾问以及图书等途径搜集
第三步	搜集并整理公司内部相关的题材，包括备忘录、组织图、工作说明书以及现行的政策与程序。因为这些资讯可帮助采购政策和公司整体政策与其他部门政策之间建立相互合作的关系
第四步	列出一份暂时性的政策与程序内容大纲的清单
第五步	考证目前的政策、程序和经验。而这项资讯可以从个人的观察与经验得到，也可以向部门内的管理阶层与其他部门较具有经验与知识的个人请教
第六步	对现行的采购政策、程序和经验进行检视，判断目前的政策是否够专业化、和公司的政策是否相配合、是否符合其他部门的需求以及适用性如何
第七步	准备开始草拟采购政策与程序。由部门内的干部与其他部门的主要关键人物开始对政策草案进行审视，有时候也可以邀请重要的供应商一起参与政策的研拟过程。对于政策的基本架构必须反复检视，直到各方面都获得共识，这样在推行政策上会比较顺利
第八步	开始针对先前获得共识的草案做整理，制定正式的制度
第九步	提出正式的采购政策，并获得高层主管的认同与背书，使此采购政策成为公司正式的政策
第十步	经由高层主管的协助将这项政策宣传到每一个有关的人员，让他们都能了解在新制度下各自的责任以及被期许的事情

图5-1　采购政策的制定步骤

　　以上这些步骤只是个开端，当公司有新的需求、技术与处理方法时，就必须对政策、程序加以适当的修订。

（四）采购政策的修订

　　企业体系内的采购政策，对企业的采购成本有直接的影响力。因为通过对采购政策的评估，从而重新制定适合现在及未来的最佳采购政策，往往可以可观地降低成本。

1.评估现有采购政策

采购政策的评估作业，应先依据公司现行的采购政策，对各采购项目的供应来源展开研究，并列出其优缺点。

在修正采购政策的同时应以业种别、厂商别及零件别为基准，检核影响购入成本的变动因素。例如：目前及日后的经济动向、市场变化等因素。并对其加以思考分析，才能决定是独家采购、多家分散采购或一般性订购方式，以使购买政策具有高度弹性。

在评估现有采购政策时，可使用表5-1来进行检核。

表5-1　采购政策核核

序号	检核项目	检核结果
1	采购政策是否具有可配合市场、经济动向或其交易内容变异的弹性	
2	中、长期或年度别的采购执行方式是否明确	
3	在执行订货前，是否已检讨集中及分散采购等方法的优缺点	
4	交易形态能否恰当地运用，以降低采购成本	
5	改变订货量对于采购成本会有影响吗	
6	是否对供应商进行评鉴	
7	是否依供应商评鉴结果进行订货	
8	是否积极地辅导或培育供应商	
9	对供应商的辅导成果是否反映在采购成本上	

2.检讨和修正

以"采购项目"为主，针对每一个项目的采购政策，予以检讨和修正，进而消除现有政策对采购项目所既存的缺点。

二、采购组织制度选择

采购组织制度是指企业对采购工作的管理，究竟采取中央集权（Centralization）方式的"集中制"，或是地方分权（Decentralization）方式的"分散制"，还是兼取分权与集权的混合（Consolidation）方式的"混合制"。当然，采购组织制度的决定与该企业的规模、地理条件、产品种类等有密切关系。

（一）集中制采购制度

集中制是将采购工作集中在一个部门办理。当达到极点时，总公司各部门、分公司及各工厂均无采购权。

1.优点

① 集中采购可使数量增加，提高对卖方的谈判力度，较易获得价格折扣与良好服务。

② 只有一个采购部门，因此对采购方针与作业规则，比较容易统一实施。

③ 采购功能集中，可减少人力浪费；便利人才培养与训练；分工专业性使采购作业成本降低，效率提升。

④ 建立各部门共同物料的标准规格，可以简化种类、互通有无；亦可节省检验工作。

⑤ 可以统筹规划供需数量，避免各自为政而产生过多的存货；各部门过剩物资亦可相互转用。

2.缺点

① 采购流程过长，易延误时效；对零星、地域性及紧急采购状况难以适应。

② 非共同性物料集中采购，并无数量折扣效益。

③ 采购与使用单位分离，因此采购绩效较差。例如规格确认、物品转运等费事耗时。

3.适用状况

① 企业产销规模不大，采购量值均小。因此全公司只要一个采购单位来办理，即可充分满足各部门对物品或劳务的需求。

② 企业各部门及工厂集中一处，从而使采购工作并无因地制宜的必要；或采购部门与需用部门虽不同处一地，但因距离亦非遥远、通信工具相当便捷，采购工作也可集中由一个单位办理，尚不至于影响需时效。

③ 企业虽有数个生产机构，但是产品种类大同小异，因此集中采购可以达到"以量制价"的效果。

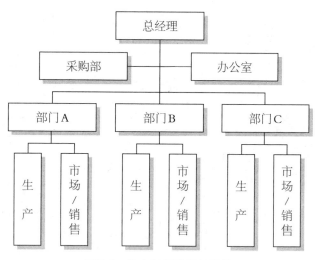

图5-2 集中制采购组织结构

集中制采购组织结构如图5-2所示。

（二）分散制采购制度

将采购工作分散给各需用部门分别办理。这种制度通常适用于企业规模较大、工厂分散在较广区域的企业。此类企业如果采用集中制，则容易产生采购上的迟延，且不易应对紧急需要；而购、用部门的联系相当困难，从而使采购作业与单据流程显得漫长复杂。

除了前述地理因素造成采用分散制的理由外，若散布各地的工厂在生产设备、储藏设施、社区的经济责任等方面具有独特的差异性时，亦以采用分散制较为适宜（参见下面实例）。

【实例】

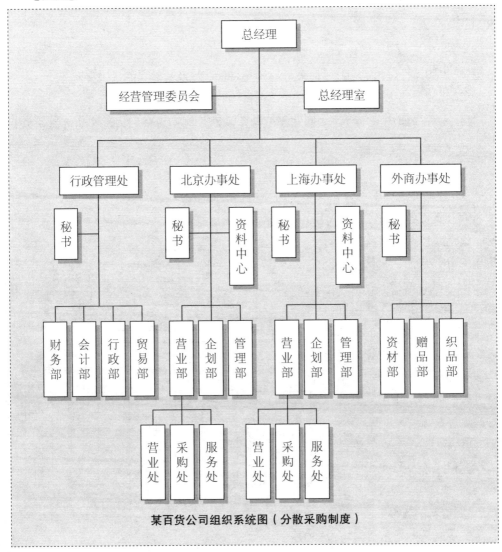

某百货公司组织系统图（分散采购制度）

（三）混合制采购制度

混合制采购制度兼取集中、分散制优点而成。凡属共同性物料、采购金额较大者或进口品等，均集中由总公司采购部办理；小额、因地制宜、临时性的采购，则授权分公司或各工厂执行（参见下面实例）。

【实例】

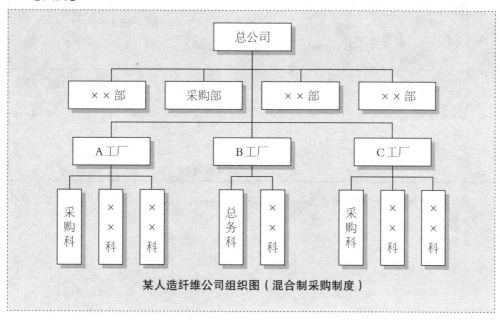

某人造纤维公司组织图（混合制采购制度）

（四）采购组织制度判断基准

采购组织制度的判断基准如表5-2所示。但无论如何各有其长处与短处，重要的是分析公司的现状，除了采用"适合于提高最大业绩的组织"之外，尚需配合公司的发展，随时检讨并予以调整。

表5-2　采购组织制度的判断基准

序号	项目	制度		组织	
		集中采购	分散采购	独立采购	事业部内采购
1	企业规模	—	大	事业部的规模不均等时（不具备采购员的也有）	事业部的规模均等，并且各部门的购买量大时
2	地理条件	工厂集中在同一地域时	工厂分散到各地域时	采用分散采购制度、指挥命令在可能的地域内时	—

续表

序号	项目	制度		组织	
		集中采购	分散采购	独立采购	事业部内采购
3	生产形态（个别、量产、制程）	—	不同亦可	如复合企业中没有异质的产业（例：化纤工业与不动产即为异质）	—
4	制品构成（共通性与市场的独特性）	出现同一或类似产品时	不同亦可		不同时
5	购入量	—	原则上为经济批量时	—	原则上为经济批量时
6	业务范围	—	—	原则上不包括资材管理，仓库、运搬管理	—

注：1.限于采购、外包管理，包括了材料的订货品目、时期、数量；或包含了日程、库存管理和物品的收货、保管、支付的责任如何等。

2.虽是分散采购，也可视为一个地区或一个事业单位的集中采购。

一般的情形如下。

① 通用材料或零配件、设备、机器、输入品由总公司的采购部门集中采购。

② 其他交由各地区的采购部门分散采购。而采购部门要有人事权，仅对特定的事业部，采取事业部内采购组织的折中的方式。

三、制定采购管理制度

（一）采购作业制度

完善的采购作业制度可以规范采购人员的行为、规范采购作业流程，从而起到规范采购活动的作用。而不同的企业对这一类制度的称呼也不一样，但一般大致有表5-3所示的几种。

表5-3 采购作业制度的种类与内容要点

序号	制度类别	内容要点
1	采购控制程序	采购控制程序的目的是使采购工作有所依循，完成"五适"（5R）的采购职能。其内容包括各部门、有关人员的职责、采购程序要点、采购流程图以及采购的相关文件、相关表格等

序号	制度类别	内容要点
2	采购规范	采购规范是指将所采购的物料规格详细地记录下来,成为采购人员要求供应商遵守的规范。具体包括商标或商号名称、蓝图或规格表、化学分析或物理特性、材料明细表及制造方法、用途及使用说明、标准规格及样品等
3	采购管理办法	采购管理办法是对企业采购流程中每一个作业步骤的详细说明
4	采购作业规定	采购作业规定是指采购作业的信息收集、询价采购、比价采购或者是议价采购、供应商的评估和索取样品、选择供应商、签订采购合同、请购、订购、与供应商的协调沟通以及催交、进货验收、整理付款等的相关规定
5	采购作业指导书	采购作业指导书是指对各项采购作业进行指导的文件
6	外协加工管理办法	外协加工管理办法是对外协工厂的管理规定,包括外协加工的目的、范围、类别、厂商调查、选定方法及基准、试用、询价、签订合同、申请、质量控制、不良抱怨、付款、模具管理、外协厂商辅导以及考核的详细规定
7	物料与采购管理系统	这包括材料分类编号、存量控制、请购作业、采购作业、验收作业、仓储作业、领料发料作业、成品仓储管理、滞料废料处理等的有关规定
8	进料验收管理办法	进料验收管理办法明确进料验收的标准、要求和作业程序。其目的是使物料的验收以及入库作业有所依据
9	采购争端解决的规定	规定解决采购争端的要求、解决采购争端的常见方法等

(二)请示汇报制度

如果出现超越权限范围的情况,要及时请示采购主管,或者是采购副总经理。特别是在采购活动中的一些关键环节,如签订合同、改变作业程序、指标等,一定要及时请示汇报。

(三)资金使用制度

对采购资金的使用要建立严格的规章制度,对资金使用的各环节要加以监控。特别是对货款的支付,要慎重行事,要充分考虑供应商的信用情况,从而降低采购风险。

（四）运输进货控制进度

降低进货风险，在签订采购合同时就要明确进货风险与责任，以及理赔的相应办法。因此一些贵重货物要办理好保险，从而降低采购进货的风险。

（五）采购评价制度

采购评价包括两个部分：一是采购人员的自我评价；二是对采购部门的评价。建立采购评价制度的目的就是要评定业绩、总结经验、纠正缺点、改进工作；同时也是一种监管与控制。

1.采购人员的自我评价

采购人员的自我评价，就是一种主观考核技术，可以采用填写自我评价表的方式进行。其内容包括实际完成情况的汇报、实际情况与计划对比的变化及原因、实际完成指标的优劣程度评价。这种方法简便易行，但易受考核者主观心理偏差的影响，从而削弱考核的公正性。对采购人员也可以采用客观评价技术，并要强化考核指标的设计，一般可以采用分值评价法，即对人员绩效评价的项目加以指标化，每一指标确定若干个等级和分值，并逐项对被考核者进行评级和评分。然后将各项指标的得分值汇总，其总分就是对人员绩效考核的结果。此方法将定性与定量相结合，有较系统的评价依据，因而比较科学合理，有助于提高考核的效率与质量。

2.对采购部门的评价

对采购部门的评价可以采用单次审核评估、月末评估和年末评估的方法进行。评估方法见表5-4。

表5-4　评估方法

序号	评估方法	要点
1	单次审核评估	将采购人员自我评价表和采购计划进行对比，如果出现偏差就要及时查清原因，进行监管与控制
2	月末评估	将一个月内所有的自我评价表进行统计汇总，得出整个采购部门的业绩评价
3	年末评估	将月末评估进行汇总，得出全年的业绩汇总

（六）采购部处罚制度

采购部可能是企业里支出最大的部门。所以，必须控制任何采购人员不受贿，更不许集体作弊。而要做到这一点，必须制定相关的处罚制度，尤其要对如表5-5所示的环节加以控制。

表5-5　可能受贿的环节控制要点

序号	环节	控制要点
1	招待	明文规定采购人员可以参加供应商的礼节性招待，但档次、次数要适当，而且要有一次采购过程发生
2	礼物	规定采购人员可以接受具有广告性质的礼品，如印有供应商广告的一件衬衫、一支笔、一本日历等，而且是供应商广泛赠送的。但是不允许采购人员接受供应商专制的特殊礼物，包括任何试图或可能产生不正当关系的金钱赠予、特殊优惠、拥有股份等
3	活动	采购人员和供应商一起组织活动是增进公司与供应商沟通的较好途径，但费用必须双方均摊；禁止参加任何不健康的活动
4	拒绝	明确规定拒绝任何可能损害采购利益的行为活动。对隐藏的、行为不轨的供应商要警惕，下列行为一经发现要及时处理 （1）试图利用以往的关系走捷径 （2）绕过企业的管理流程 （3）利用企业的管理漏洞

（七）采购内部审查制度

采购内部审查，是指一项采购作业的完成必须经过数人或数个部门分别负责，通过互相监督、互相制约来纠正错误和防止舞弊。

这种制度最初用来防止现金收支的违规现象。现金的实际收支与记账工作必须分人掌管，以免假造或篡改账目以吞没收支款项，也就是人们常说的："管账不管钱，管钱不管账。"采购自然非常重要，是企业获得盈利的第一步，然而采购不当就会造成如下后果：导致采购的物料价格昂贵，品质低下；过量购置，使产品成本提高，销路呆滞；物料大量积压，占据资金，导致流动资金减少。所以，采购内部审查，就是检查采购业务的各项程序是否符合要求。

1.内部审查制度分类

内部审查制度通常可分两类，如图5-3所示。

纵向制约	横向制约
即每一事项的处理程序，必须自经办人员开始由下而上经过各级负责人直到最后核准人，才算完成	即每一事项的处理程序，必须由有关部门同意后再行办理

图5-3　内部审查制度的类别

2.内部审查的主要内容

采购的内部审查，就是检查采购业务的各项程序是否符合要求。

（1）申购程序

为防止数量过多或不必要的增购，要事先规定仓库的最高及最低存储量。当存货达到最低存储量以下时，由仓库管理人员就实际需要，填写申购单，经主管人员审查后，才交由采购部门。申购单一式两联，正联填送采购部门，作为订货的根据；副联编号备存。

（2）订购程序

采购部门收到核准的申购单后，即着手选定供应商。而供应商的选定原则以质量、价格及运输便利为标准。除非是独家制造或专利产品，否则大都采用比价及招标两种方式。

订购程序审核控制要点见表5-6。

表5-6　订购程序审核控制要点

序号	方式	适用范围	控制要点
1	比价程序	多用于数额较小的采购	（1）采购部门就所需货品数量及品质，向相关供应商询价 （2）供应商按数量、品质及交货期开具物料估价单 （3）采购部门把供应商的估价单汇总、分析，以条件优惠、价格低廉的供应商为对象，签订采购合同，并正式填具订购单
2	招标程序	多用于巨额的购置（如政府采购）	（1）主办单位将招标说明事项公告5日，并在当地报纸公告3日，经3家以上的厂商投标，才能开标 （2）投标厂商在登记时，必须要提交营业执照，及具有制造能力的证件，并提交押标金交承办单位保管。决标后未得标者即如数发还 （3）开标前对于预估底价及各厂号所收的标价，均须保守秘密。决标时应以在预估底价内的最低标价为得标原则，如因特殊情形采用次低标价或最低标价超越预估底价在30％以内者，由承办各单位会同经理决定；其超越预估底价在30％以上者，应另行招标 （4）与经决标后承办厂商订约时，该厂商必须有殷实商家担保，然后才可以正式填具订购单。订购单一式三份：一份交厂商收存；一份送验收部；一份归档存查

（3）验收程序

货物的验收由质检部门负责，检验的方式有两种，如图5-4所示。

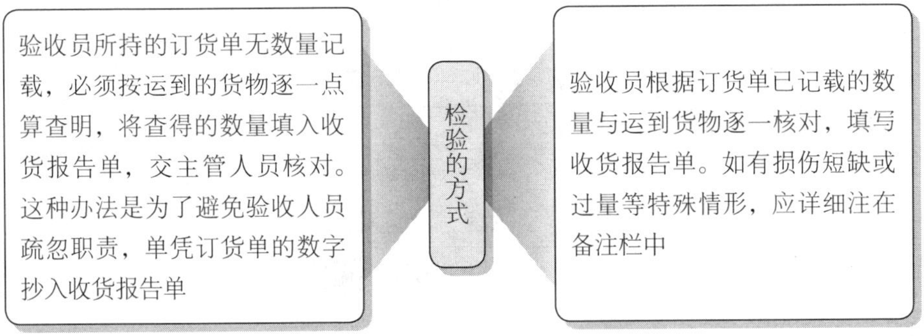

验收员所持的订货单无数量记载，必须按运到的货物逐一点算查明，将查得的数量填入收货报告单，交主管人员核对。这种办法是为了避免验收人员疏忽职责，单凭订货单的数字抄入收货报告单

检验的方式

验收员根据订货单已记载的数量与运到货物逐一核对，填写收货报告单。如有损伤短缺或过量等特殊情形，应详细注在备注栏中

图5-4　检验的方式

收货报告单一般一式三联：一联送采购部门；一联送财务部门，经查验无误后则在发货单上加盖验讫图记再送仓库保管；一联存根备查。

（4）保管程序

保管程序的控制要点如下。

① 货物如果已经验收，就应该连同收货报告单送交仓库部储存保管。

② 仓库管理员根据收货报告单所列各项，记入存货分类账的收入栏。

③ 货物摆放最好按类编号，以便达到领进取用迅速而且盘点便利的效果。

④ 仓库设备应完整，以便防止存货腐烂损毁、偷漏及火灾等异常事件发生，因此管理员必须随时戒备。

3.内部审查制度执行的要点

内部审查制度的执行，要注意以下几点。

（1）秉公办事、防止舞弊

通常一个部门的工作人员会良莠不齐。当大部分人员奉公守法、铁面无私而只有少数人员有舞弊行为时，就要运用内部审查制度加以规范，从而使贪污的行为无法隐藏，就可以收到很好的效果。但是，也要防止互相推诿、逃避责任的行为发生。

（2）发现并纠正错误

技术的进步使得工作处理上的错误逐渐减少，例如计算及记账工作，大都利用计算机来完成，快捷且错误的可能性极小。因此从发现错误的作用来说，内部审查的重要性已经日益降低。但这里所说的错误，多数是原始数据的错误，例如采购物料的数量、规格、品质、时间等。

（八）采购跟单制度

采购作业的完成，有赖于催促供应商在预期的时间与地点履约交货。因此为促成此项任务的完成，不能坐等供应商依订单或合同交货，而必须进行采购的跟单工作。

跟单采购可按不同方式进行分类，如表5-7所示。

表5-7　跟单方法分类

序号	分类方式	方法
1	按业务性质划分	（1）采购业务跟单 （2）采购文书跟单
2	按业务目的划分	（1）采购作业进度跟单 （2）交货跟单 （3）主要项目时效跟单 （4）特殊购案跟单
3	按业务职责划分	（1）作业单位自动跟单 （2）监管单位总跟单
4	按管理方式划分	（1）采取分段作业方式跟单 （2）采取重点方式跟单
5	按跟单方法划分	（1）以函件表单方法跟单 （2）以口头或电话方法跟单 （3）实地访问或检查跟单，即催促交货工作，在供应商生产现场随时实地检查其作业实况

对于大规模采购，必须重视跟单方法的运用。因为采购程序极为繁复，采购作业次序曲折，无法设计一种表卡，可以作为控制全盘进度的依据；另外，还有集中登记困难、重复登记的情况。如果是对时间很长的索赔案件进行清理，并且开始的时候处理方法偏差，必然影响追查的绩效。为此，必须制定采购跟单制度。

1.采购跟单制度的设计原则

建立采购跟单制度必须遵循以下明确的准则：

① 订立采购作业统一标准规范；

② 确立追查目标，把握重点追查；

③ 追查办法力求简单实用及省时、省力；

④ 权责分明；

⑤ 追查成果迅速而有效；

⑥ 避免重复记录；

⑦ 认真执行。

2.采购文书的控制

采购作业跟单范围甚广，通常只注重交货跟单。因此在采购文书中，采购作业的记录控制也十分重要，具体包含两个方面，如表5-8所示。

表5-8　采购文书的控制要点

序号	分类	控制要点
1	采购业务的档案管理	（1）调查案卷限制外借以保守业务机密 （2）调查案卷须填具规定格式的表格 （3）案卷不得辗转相借 （4）案卷注意保密 （5）外调案卷，处理时应该特别慎重 （6）调卷人对案卷不得擅自抽拆 （7）案卷收回，应逐页检查，如发现破损、抽拆等情况，应予查究
2	采购文书的追查方法	（1）全盘催查 （2）单位自动催查 （3）特定重要条件的催查 （4）查询办理时限 （5）实施定期总清查

 他山之石（1）

采购跟单业务管理办法

1.目的

1.1 规范采购跟单业务及其相关环节的业务操作流程。

1.2 规范库存物料变更及库存物料控制流程。

1.3 适应SCM系统业务操作方式。

2.范围

本规定适用于子公司采购部采购跟单主业务的控制管理。

3.定义

3.1 长线物料：物料采购周期超过周滚动计划提前期。

3.2 短线物料：物料采购周期在周滚动计划提前期之内。

3.3 采购周期：从下采购请购单至物料回厂之间的时间段。

4.职责

4.1 内销计划部提供（××年××周滚动生产计划）。

4.2 海外中心计划科提供长线物料的滚动计划和出口机要货计划。

4.3 设计开发部编制标准BOM，技术工艺部根据标准BOM编制对应的制造BOM。

4.4 制造部生管科负责在SCM系统中编制周滚动计划、周包装作业计划、小批试制生产订单、生产计划更改。

4.5 设计开发部提供小批试制通知单，由制造生管科录入SCM系统。

4.6 采购科采购员负责按采购流程进行采购作业及回料交期和数量的跟进。

4.7 采购科物控计划员负责库存分析及控制、采购请购单的校对，并与销售部门沟通，做好长线物料及其他紧缺物料的备货控制。

4.8 制造部仓库管理科负责物料入库和出库作业管理。

5. 流程与规范

5.1 采购跟单业务操作流程与规范

5.1.1 长线物料采购业务规范。

5.1.1.1 内销计划部须按规定时间提供下月度四周滚动计划，外销计划科须于每月的10号或之前提供下月度的紧缺长线物料（如压缩机等）滚动需求计划（N月10号提供$N+1$月四周滚动计划）。

5.1.1.2 压缩机采购根据审批后的"年度生产大纲""四周滚动计划"按其相应的供货周期提前下达月需求采购订单，每月再根据"周包装计划"实际生产数量进行调整订购数量和交期。

5.1.1.3 钢管、铝箔、辅料根据"四周滚动计划"，由相关采购员于每月18号前下达下月的整月需求采购计划，物控计划员校对、采购科长审核后，采购员根据采购计划下达手工采购订单，并每周根据"周包装计划"进行调整订购。

5.1.2 短线物料采购业务规范。

5.1.2.1 总装正常批次物料：制造部生管科须按"周包装计划"于每周二12:00前在SCM系统中下达第$N+2$周周包装作业计划，采购员于每周二22:00前根据SCM系统采购建议下达请购单，经物控计划员校对后下达采购订单，采购周期（包含提前期1天、检验周期1天和下单周期1天，共3天）需≥12天（示意图如下）。

总装物料采购周期≥12天

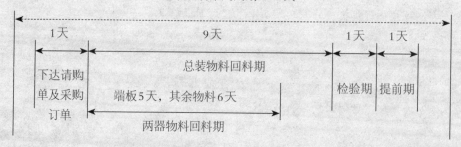

5.1.2.2 提前备货物料：因采购环境的变动，造成短线物料采购周期超出周滚

动计划提前期，由采购员根据周滚动计划或出口机要货计划的机型编制相应物料的备货计划，物控计划员根据物料属性和相关预测数据信息校对备料计划。

5.1.2.3　补充条例。

（1）返包机／包修机的物料申购按照《物料申购管理规定》相关要求进行处理。

（2）因各种原因需补订物料的，具体申购要求见《物料申购管理规定》。

（3）采购请购量计算公式为：订量＝批量×单量×[1+损耗率（％）]+安全库存−在途量−可用库存，但结果须大于等于最小订购量和小于等于最大订购量。

（4）SCM 系统中的"安全库存量"由制造部提出，采购部会签后维护到系统，"最小订购量"通用物料"采购批量"由采购部各采购员提出申请，采购部物控计划员校对审批后维护到系统。

（5）正常物料请购单直接由物控计划员校对后生效，采购订单须经采购科科长批准生效，物料采购变更订单须经采购科科长审批生效。

（6）针对物料供应异常情况，需及时填写反馈表，制造部生管科会签后根据确认后的交货期调整相应生产计划，供应链管理科会签作为考核供应商的依据。

5.2　物料控制流程和规范

5.2.1　因设计、工艺变更而产生的制品，由技术部门给出相应的处理方案；因计划变更而产生的制品，由计划部门负责在后续计划中协调处理，制造部物控员做好记录和跟踪，每日发出一份制品统计表。

5.2.2　制造部物控员根据"变更通知单"中的设计处理方案和库存对变更所造的制品给出处理意见，仓库人员根据制品处理意见对制品进行处理。对于报废、呆滞、用于特定机型或批次的物料，必须做相应的移位处理，即货位的相关移动。

（九）采购时效制度

采购管理的目标，是以最低总成本获得适时、适当的物料。因此必须研究每一阶段工作进行的时间及可能产生的影响，并加以适当的控制。尤其是对采购作业时效的控制，因为其涉及买卖双方权利义务关系，不能忽视。因此，时效控制得好坏，不但直接影响效率的高低，而且与企业权益的保障，关系更为密切，所以必须建立采购作业时效控制制度。

通常认为采购作业合理的时效，可分为以下三类——明定时效、协调时效、特定时效，如表5-9所示。

表5-9　采购作业合理的时效

类别	定义	详细说明	采购实务的重要时效
明定时效	即采购部门可以自行决定的时效，又称为硬性时效，包括报价时效、签约时效、交货时效等	这些都是采购商事先可以确定的，可以在标单及合同条款内详细载明。买卖双方必须遵守，不能任意变更	（1）采购进度时效 （2）紧急采购时效 （3）公告时效 （4）押标金时效 （5）报价时效 （6）决标通知时效
协调时效	指的是必须与其他部门协商一致后，才可以决定的时效，又称为弹性时效	如申请签证结汇文件，必须等外汇主管单位同意后才能决定，而非由采购商或供应商单独决定	（7）履约保证金时效 （8）签订合同日期 （9）付款时效 （10）交货时效 （11）延迟交货日期
特定时效	不能硬性规定的时效称为特定时效	如某类工作，必须视国际贸易的变化情况，随时确定和调整其时效，如索赔事件发生，双方往返交涉等。而且其时间是无法事先估计准确的	（12）公证检验时效 （13）罚款时效 （14）运输时效 （15）保险时效 （16）到货提货时效 （17）索赔时效

采购作业，不仅要注重时效、争取时效，而且还要管理时效、控制时效，然后才能保障采购的利益。而采购组作业程序繁杂，如果在处理时效上的某一细节稍有忽略，即将影响整个进度。

在实务操作中，可通过制定"主要业务处理时限"，来确保制度的有效执行，见表5-10。

表5-10　采购的主要业务处理时限

类别	主要业务	进行次序	工作细目	主办部门	协办部门	工作时限		备注
						天数	总计	

他山之石（2）

采购时效管理办法

1.目的

为加强采购计划管理、成本管理、时效管理，规范采购工作，保障公司生产经营活动所需物品的正常持续供应，降低采购成本，提升采购效率，特制定本办法。

2.适用范围

适用于本公司采购业务各环节的时效管理。

3.采购职责

3.1　自觉维护企业利益，努力提高采购物品质量，降低采购成本。

3.2　廉洁自律，严格按采购制度和程序办事，自觉接受监督。

3.3　工作认真仔细，不出差错，不因自身工作失误给公司造成损失。

3.4　采购人员随时搜集市场价格信息，建立供应商信息档案库，了解市场最新动态及最低价格，实现最优化采购。

4.管理规定

4.1　采购策略：旨在确定物资采购及操作执行的管理原则，以提高采购效率、采购操作规范性及采购总成本的控制水平。

4.1.1　长期合作策略：与特定的供应商/承包商建立长期稳定的合作关系。有利于提高采购效率，降低采购成本，节约维护成本，确保供应/服务资源。

4.1.2　综合成本策略：降低产品/服务全生命周期成本，从而真正降低作业成本。提高生产时效，降低作业风险，便于作业生产管理，促进技术进步。

4.1.3　竞争策略：在供应/服务市场条件成熟、竞争激烈时，采用招标、询价等采购方式，引发市场竞争，从而获得最大让利、降低采购成本的策略。

4.2　交货准时率。

4.2.1　严格要求按照L/T内交货，需统计交货准时率。

4.2.2　交期回复。OE：1天内回复。PR：3天内回复。欠料表：1天内回复。

4.2.3　三天内的来料计划，每日更新发出（只针对LENS、VCM、FPC/PCB，当天15：00前提供给PMC）。

4.2.4　建立内部微信群，若有异常应及时通报各相关人员协同处理。

4.2.5　要求各厂商业务人员也建立微信群，及时汇报每日出货计划数量，若有异常则及时通报。

4.3 成本降低计划（重点）。

4.3.1 制订月度成本降低目标计划，提交副总经理审核，总经理批准。每月月底针对本月的成本降低目标达成情况进行统计、分析，并制订下月的成本降低目标计划。月度目标未达成时，需提交检讨与分析报告。如达到多少、量降多少，并需统计成本降低报表。

4.3.2 同行比价。

物料采购必须有三家以上供应商提供报价，在权衡质量、价格、交货时间、售后服务、资信、客户群等因素的基础上进行综合评估，并与供应商进一步议定最终价格。

4.3.3 辅助材料成本降低同步进行，制订成本降低实施计划，并依计划与辅助材料厂商进行成本降低商讨。

4.3.4 节约采购成本：如果批量会影响采购成本（如折扣条件、快递费用），则应选择合适的订购数量。

4.3.5 防止库存积压：买了用不到的物料，会造成库存积压，增加管理成本，形成不良资产，变为呆料，最后可能因年长月久而变质报废。

4.3.6 防止生产缺料：制订《采购计划》时，应将生产损耗、有效库存、采购周期考虑在内，防止生产过程中发生缺料现象，影响生产，造成人力、物力浪费，拖延交期。

4.4 最小订货量。

4.4.1 建立最小订货量，给市场部同事参考接单，核算成本。

4.4.2 统一后再与各厂商进行谈判，如果按照订单数购买会增加多少成本？增加的成本需要在BOMCost中体现。

4.4.3 建立最小订货量签核确认流程，每次接单时若有最小订货量，都需要由市场部同事签字确认。

4.5 其他。

4.5.1 供应商考核，5月份修改新的考核办法，从8月份开始执行。

4.5.2 考核结果输出的认可与非认可供应商明细，需提供给副总经理审批。

4.5.3 采购控制程序文件，需要及时更新一份。

4.5.4 从10月份开始，每周例行周会制度，各自总结一周以来的工作执行情况。

4.5.5 每月呆料的及时处理。

4.5.6 求偿单按接收日期算起，一周内需跟进完毕。

他山之石（3）

物资采购周期管理规定

1.目的

为了提高集团公司物资采购的时效性，提升部门整体服务质量，特制定本规定。

2.采购周期管理

采购周期管理如下表所示。

采购周期管理表

序号	物资类别	采购周期	备注
1	日常物资	常规物品采购时间为5天	（1）对于月计划，仓库备货物资到货时间为3～5天 （2）零星采购物资为5天，根据部门要求，前往市场选购 （3）特殊情况除外
2	定制品	须提前半个月下单	采购部需确认清楚制品的规格和型号，如有样品须附样品
3	设备类	15～20天	需确认规格型号，经公司领导批准后予以采购
4	紧急采购	当天采购到位	公司紧急要求或车间设备紧急维修用物资，至少提前三个小时通知到采购部

3.协调机制制度

3.1 采购部每周一收取物资采购申请单，其余时间，不予收取。

3.2 采购部收到未经领导审批的物资采购申请单，不予购买。

3.3 对于紧急采购，未接到公司领导（或生产经理）通知，不予购买。

3.4 物资申请单或报告上未注明所需物品详细名称、规格型号、功能等特殊要求，采购部将根据性价比自行采购或安排供货商送货，造成采购周期延长的由申请部门负责。

3.5 因申购部门人为原因造成物资型号不符、库存较多的，由申购部门负责。

3.6 申购部门对物品有特殊要求，需主动联系采购部，共同前往市场进行购买。

3.7 对于采购回来的物资，仓库通知领取，如一周内未领取者，对项目第一责任人进行处罚。

3.8 对于出库物资，如申购部门由于未亲自参与购买或者未对所需物资提出要求，如无质量问题，采购部不接受退货处理。

3.9 日常零星采购物资未能及时到货，采购部将于采购物资未到位当天，与仓库及使用部门沟通、反馈。

四、采购作业流程设计

采购作业流程通常是指有制造需求的厂家选择和购买生产所需的各种原材料、零部件等物料的全过程。采购作业流程会因采购的来源、方式以及对象等的不同而在作业细节上有所差异，但基本流程都大同小异。

（一）采购作业流程步骤

采购作业流程步骤如图5-5所示。

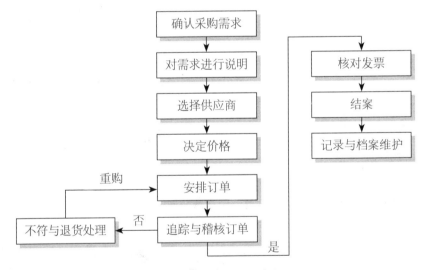

图5-5 采购作业流程步骤

采购作业流程步骤说明如表5-11所示。

表5-11 采购作业流程步骤说明

序号	步骤	作业说明
1	确认采购需求	确认采购需求即在采购之前，应先确定买哪些物料、买多少、何时买、由谁决定等问题

序号	步骤	作业说明
2	对需求进行说明	确认采购需求之后，对需求的细节如品质、包装、售后服务、运输及检验方式等，均须加以明确说明，以便来源选择及价格谈判等作业能顺利进行
3	选择供应商	就需求说明，从原有供应商中选择实绩良好的厂商，通知其报价；或以登报公告等方式，公开征求
4	决定价格	确定可能的供应商后，进行价格谈判
5	安排订单	即在价格谈妥后，应办理订货签约手续。订单或合同，均属具有法律效力的书面文件，对买卖双方的要求及权利义务，须予列明
6	追踪与稽核订单	即签约订货之后，为了让供应商如期、如质、如量交货，应依据合同规定，督促厂商按规定交运，并予严格验收入库
7	核对发票	厂商交货验收合格后，随即开具发票，要求付清货款时，对于发票的内容是否正确，应先经采购部门核对，财务部门才能办理付款
8	不符与退货处理	凡厂商所交货品与合同规定不符或验收不合格的，应依照合同规定退货，并立即办理重购，予以结案
9	结案	凡验收合格付款，或验收不合格退货，均须办理结案手续，清查各项书面资料有无缺失、绩效好坏等，签报高层管理或权责部门核阅批示
10	记录与档案维护	凡经结案批示后的采购案，都应列入档案登记编号分类，予以保管，以备参阅或事后发生问题时查考

（二）采购作业流程设计方法

1.注意先后顺序及时效控制

企业在设计采购作业流程时应注意其流畅性与一致性，并考虑作业流程所需时限。设计中应避免：

① 同一主管对同一采购项目做多次签核；

② 同一采购项目在不同部门有不同的作业方式；

③ 一个采购项目会签部门太多，影响作业时效。

2.注意关键点的设置

为便于控制，应使各项采购作业在各阶段都能追踪管制，比如国外采购，从询价、报价、申请输入许可证、开信用证、装船、报关、提货等均有管制要领。

3.注意划分权责或任务

各项作业手续及查核责任，应有明确权责规定及查核办法，比如请购、采购、验收、付款等权责均应予以区分。

4.避免作业过程中发生摩擦、重复与混乱

即注意变化性或弹性范围以及偶发事件的因应法则，比如"紧急采购"及"外部授权"。

5.程序繁简或被重视的程度

程序繁简或被重视的程度，应与所处理业务或采购项目的重要性或价值的大小相适应。

凡涉及数量较大、价值较高或易发生舞弊的作业，都应有较严密的监督措施；反之，则可略加放宽，以求提高工作效率。

6.处理程序应合时宜

即应注意程序的及时改进。早期设计的处理程序或流程，经过若干时日后，应加以检讨，不断改进，以满足组织的变更或作业上的实际需要。

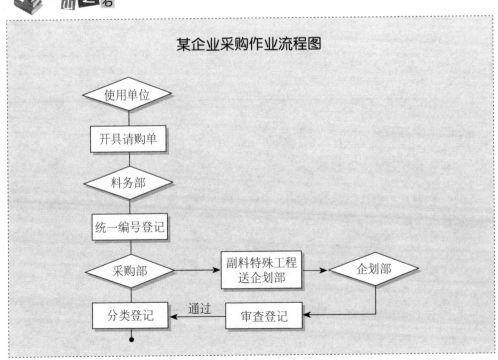

某企业采购作业流程图

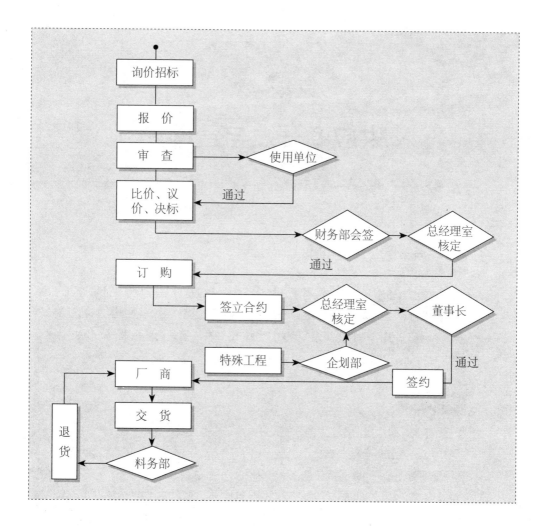

第六章
供应商开发与管理

导 读

在供应链管理的集成化链条中，供应商开发与管理处在极为重要的位置，特别是以制造企业为核心的供应链环境下，供应商是否有优异的业绩表现直接关系到整个供应链的竞争力。因此，供应商开发与管理也就自然成为供应链管理的核心工作之一。

学习目标

1.了解与供应商合作模式的特点，并致力于与供应商双赢。

2.了解供应商行业结构布局规划、供应商评估的要求，掌握供应商的寻找途径及需提供的资料，能够在评估后出具供应商评估报告。

3.了解采购认证体系的步骤，掌握认证过程中的质量控制要求、方法。

4.掌握采购品质控制的方法：要有明确的采购质量目标、建立健全采购质量管理机构和制度、建立健全采购质量标准化体系、与供应商签订质量保证协议，掌握各种方法的操作步骤、要求与细节。

5.了解采购合同的效用、常见采购合同条款、采购合同的标准形式，掌握采购合同签订、管理、跟踪的要求、步骤和方法。

学习指引

序号	学习内容	时间安排	期望目标	未达目标的改善
1	以合作模式来开展采购业务			
2	供应商寻找			
3	供应商评估			

续表

序号	学习内容	时间安排	期望目标	未达目标的改善
4	建立采购认证体系			
5	采购品质管理			
6	采购合同管理			

一、以合作模式来开展采购业务

在供应链管理中，为了双方的互利和互赢，企业应采取与供应商合作的模式来开展业务。该模式的特点如下。

（一）供应商的分层管理

采购方将供应商分层，尽可能地将完整部件的生产甚至设计交给第一层供应商，这样采购方企业的零件设计总量则大大减少，有利于缩短新产品的开发周期，还使采购方可以只与数目较少的第一层供应商发生关系，从而降低采购管理费用。

（二）双方共同降低成本

采购方与供应商在一种确定的目标价格下，共同分析成本，共享利润。目标价格是根据对市场的分析制定的，目标价格确定以后，采购方与供应商共同研究如何在这种价格下生产，并使双方都能获取合理的利润。采购方还充分利用自己在技术、管理、专业人员等方面的优势，帮助供应商降低成本。由于降低成本供应商也能获利，因此调动了供应商不断改进生产过程的积极性，从而有可能使价格不断下降，在市场上的竞争力不断提高。

（三）共同保证和提高质量

由于买卖双方认识到不良产品会给双方都带来损失，因此能够共同致力于提高质量。一旦出现质量问题，采购方会与供应商一起来分析原因，解决问题。由于双方建立起一种信任关系，互相沟通产品质量情况，因此采购方甚至可以对供应物料不进行检查就直接使用。

（四）信息共享

采购方积极主动地向供应商提供自己的技术、管理等方面的信息和经验，供应商的成本控制信息也不再对采购方保密。除此之外，供应商还可以随时了解采购方的生产计划、未来的长期发展计划以及供货计划。

（五）JIT式的交货

即只在需要的时候按需要的量供应所需的物品。由于买卖双方建立起一种长期信任的关系，不必为每次采购谈判和讨价还价，不必对每批物料进行质量检查，而且双方都互相了解对方的生产计划，这样就有可能做到JIT式的交货，而这种做法使双方的库存都大为降低，双方均可受益。

二、供应商寻找

（一）供应商行业结构布局规划

企业为了长远的发展或在供应商链上更为有保障，对供应商的地理位置布局、各行业供应商的数量、各供应商在其本行业中的大小、供应商性质等内容做一份详细的规划，便于供应商有关管理人员的工作更有方向和目标。其主要内容如下。

1.供应商地理位置布局

这是指企业与供应商在地理上的分布状态。原则上，为了加快物料的流动速度和沟通效率、品质的变异性及成本上的考虑，供应商的生产基地最好在企业附近，远的企业一般可以与供应商协商沟通，让其在附近设一个仓库。

2.各行业供应商的数量

这是指在企业具体的各种原料中，其供应商的数量需要多少个，如一般用得较多的原料，为了可以形成良性的竞争机制，一般要选择三家以上的供应商。在做规划时一般要对本企业的原料先分等级，对每一类原料在一定时期内选定几个主要的供应商，对其他供应商也要下一些订单，用来维持关系，同时还可以备急用。

3.供应商在其行业中的大小

企业在选定其供应商的企业规模时，一般也讲究"门当户对"，即大企业的供应商最好也是相对的大规模企业，至少也不能小于中型企业；而中型企业的供应商一般都为中小企业，如选择相对大型的供应商，则不利于企业对供应商的方针与策略的实施，但也不宜用"家庭作坊"式的企业，这样难以保证品质。

4.供应商的企业性质

在国内，供应商的企业性质所涉及的最主要的问题就是税务问题，如国内大企业一般都需要增值税发票，而一些中小企业和外企则不一定有增值税发票，这样实行交易就会有困难。另外才是体系信任问题，这主要是一个经验性的企业文化反馈，如大多数人可能会认为某国企业在品质上较好，某国企业的价位较低，某国家或地域的企业在沟通上较好，某国家或地域的企业配合态度比较好等。

（二）寻找供应商

企业可通过如图6-1所示途径寻找供应商。

途径一 征询现有的所有供应商

对现有的所有供应商进行征询，以此来考察他们能不能为企业的生产提供良好的原料物品

途径二 通过网络进行全球电子采购

上网的供应商大多具备国际化的思维，因此通常被优先考虑

途径三 重视供应商的主动接触

供应商主动地通过电话联络向厂家传递信息。不要忽视这些信息的积累，它们至少有一定的参考价值

途径四 参加行业展览会

通过大型行业展览会来充分、全面地了解供应商信息

途径五 招聘熟悉业务、有实战经验的采购人员

即使能完全实施电子化采购，高素质的采购人员对市场变化的敏锐把握、与供应商面对面的沟通协调能力等方面，都是电子工具所无法替代的

图6-1 寻找供应商的途径

（三）初级供应商应提供的资料

初级供应商应提供的资料如表6-1所示。

表6-1 初级供应商应提供的资料

序号	资料类别	运用目的
1	各项品质资质证明	如ISO 9000、ISO 14000和各种安规认证书的附本，再加复印件，用以确认供应商是否取得资格
2	QC工程图	是供应商产品的生产工艺及品质的结合体，通过它可以粗略地了解供应商产品的部分特质及品质是否有效

序号	资料类别	运用目的
3	生产与检验设备一览表	此表用来判断供应商的产能和产量，以便在以后下订单时有一个初步的订单量的判断，同时还可以作为第一印象来判断供应商的文控状态，这是一个企业管理的基本资料，如若有合理的文件编号，则至少表明供应商做好了文控管理，如未做文控管理或者有不合理的文件编号，则表明供应商文控系统有问题，同时也至少说明管理体系是不严谨的
4	公司概述	用于了解供应商的基本资料，如开始时间、注册资本、规模、性质、优势等内容，以初步判定是否有合作基础
5	产品一览表	通过产品一览表可了解该供应商是否与本企业现需的原材料相符，并求证该供应商部分的优势内容
6	产能报告	了解供应商的生产能力，作为以后下订单时订单量的依据之一
7	公司组织架构	用于初步了解该供应商的管理体系是否严谨，部门设置是否健全，同时也可看出职能分工是否清晰
8	供应商品质保证所使用的工具	主要是指在保证品质的同时，使用一些流行和有效的方法及工具，如有无应用SPC（Statistical Process Control，统计过程控制）、FMEA（Failure Mode and Effect Analysis，失效模式和影响分析）、MSA（Measurement Systems Analysis，测量系统分析）等项目。使用这些方法和工具对品质有很大的好处，同时也可反映供应商目前的品质水准。在寻找到合适的供应商时，还应让供应商提供一些基本资料，以便进行一定的筛选，可以让供应商填写一份公司设计的"供应商调查表"

三、供应商评估

（一）开展评估的要求

① 在评选供应商前应建立一个适合本企业的评分系统架构，同时还需要建立起相应的评分标准。这需要根据本企业的规模、行业特质等因素来建立。对于差异化较大的供应商要采用不同的评分架构。

② 要安排相关人员（采购、品质管理、工程技术人员等）到供应商现场评核，需要有一份完整而全面的评核程序。到供应商现场评选的人员，既需要了解品质专业知识，又要对企业管理有所了解，还需要有良好的沟通协调能力。

在供应商考察中，根据ISO 9000或其他质量管理标准对供应商的质量保证体系进行审核，看其质量体系是否完备、运行是否持续有效。这就是目前比较常用的一种方法。

当然，对供应商的质量管理体系的现场审核不可能面面俱到，因此要有侧重点，即要针对不同原材料供应商的审核清单，并将其列入本企业的有关程序文件中。而通过现场审核，可获得有关供应商的最直接的第一手材料，例如供应商的组织规模、供货能力、管理水平及人员的精神面貌等，从而为最后供应商的确定提供真实材料。

③ 对评核完成的供应商，评核资料一定要保存好，以备以后检验，结果也必须回馈给供应商，以促使其改善。

（二）出具供应商评估报告

每一次供应商评估都应出具评估报告，并呈报给管理层，传送给相关方，以便未来供应商选择与管理方面的运用。

评选报告的撰写既要全面，又要深入细节，里面既要清晰地反映供应商的状况，还要给出有益的建议。

该类评估报告，各个企业会根据自己的情况来加以编制，但不管怎样，最好有比较规范的报告形式，以方便不同时期的比较。

 他山之石（1）

供应商评估表（质量）

供应商名称			所供物料	
序号	项目名称	评审得分	权重/%	加权得分	备注
1	品质方针及目标陈述				
2	品质计划				
3	先期品质手法				
4	文件控制				
5	培训				
6	采购与供应链管理				
7	原材料控制				
8	制程控制及全程品质管理				
9	不良品物料控制				
10	纠正及预防措施				
11	量测设备/工具控制				
12	环境体系及意识				
	加权总分				

一、品质方针/品质目标陈述		评审得分/分				
序号	审核内容	差	一般	合格	优	评分标准
		0	1	2	3	
1	是否有ISO 9000、QS 9000或TS 16949质量认证体系文件					有ISO 9000、QS 9000、TS 16949质量认证体系文件，能提供证书得3分；只有ISO 9000得2分；目前没有进行质量认证，但有质量体系认证计划得1分；无质量体系文件，无认证计划得0分
2	是否制定公司的品质政策、目标、承诺并文件化					制定公司的品质政策、品质目标且已文件化得3分；没有得0分
3	是否制定公司的品质手册、程序文件及组织架构图					有品质手册、程序文件及组织架构图，且文件完全符合体系要求，组织架构图清晰，职责明确得3分；有质量手册、程序文件得2分；只有质量手册得1分；全无得0分
4	品质目标有无细分到具体部门，是否达成					公司的品质目标细分到具体部门和具体岗位，有明确的考核方法，且每月都已达成得3分；公司的质量目标只细分到具体部门，且每月都有考核，已达成目标得2分；公司的质量目标没有进行分解得1分；没有质量目标得0分
5	客户满意度如何体现？有无获得客户奖项					对客户满意度的调查有专门的作业指导书并且定期执行，满意度优得3分；对客户满意度的调查能够定期执行，满意度较好得2分；客户满意度调查较少，满意度一般得1分；未进行调查得0分

续表

序号	审核内容	差	一般	合格	优	评分标准
		0	1	2	3	
6	公司是否有进行产品及制程的检验、测试、监控、查核等作业					在产品实现中，有相关的检验、测试、监控、查核等作业，且每一作业都有详细的WI得3分；在产品实现中，对需要监控的过程缺少相关的检验或查核等作业得2分；在相关的作业中，WI描述不清楚，缺乏指导性得1分；无检验、测试、监控、查核等作业得0分
7	是否有定期的内审和外审计划？内审频率如何？内外审核报告是否闭环					有年度内审计划，每年内审次数≥2次且有管理评审会议记录和有结案落实报告，整个过程闭环得3分；管理评审无会议记录或无闭环过程，得分不超过2分；无内审计划或内审频率低得1分；未进行内审得0分
8	是否建立专门TS（Technology Support，技术支持）、CS（Customer Support，客户支持）组织来提升品质服务					有专门的TS和CS组织来提升品质服务，且有具体案例支持得3分；没有TS、CS组织提升品质服务得1分
9	是否有PPM（Part Per Million，百万分之）统计分析文件系统？DPPM（Defective Parts Per Million，百万分比的缺陷率）是否≤目标值					有PPM统计分析文件系统且DPPM≤目标值得3分；有PPM统计分析文件系统，但DPPM大于1倍目标值，小于2倍目标值，得2分；有PPM统计分析文件系统但DPPM大于2倍目标值，小于3倍目标值，得1分；无PPM统计分析文件系统得0分
评价		总分	27	得分		
		得分比例				

二、品质计划		评审得分/分				
序号	审核内容	差	一般	合格	优	评分标准
		0	1	2	3	
1	是否有专门的小组负责推行品质计划或类似的行为					成立专门的小组进行品质控制计划的推行，且对品质有一定的提升得3分；品质提升由部门其他岗位兼职推行，取得一定的品质提升得2分；没有成立专门小组推行品质计划的得0分
2	是否有程序清楚地定义量测对象和度量方法					有测量系统文件和度量对象的测试方法，在实际的作业中能够很好地执行得3分；对量测对象有测量方法的说明，能够很好地指导，但实际作业与说明个别不符得2分；对量测对象没有程序定义及度量方法说明得1分；对应该进行量测的对象，不进行量测作业得0分
3	是否有建立关键绩效指标（Key Performance Indicator，KPI）和客户满意度来评定产品/服务及部门业绩质量等级					用KPI考评体系对部门及个人的业绩进行考评，且能够很好地实施，或用客户的满意度基准指标来评定产品及服务等级得3分；用KPI考评体系对部门及个人的业绩进行考评，但对考评内容没有很好地实施得2分；没有用到KPI等进行业绩考评，有其他的考评体系得1分；无考评体系得0分
4	是否定期举行管理评审会议并参考内部/外部资料来制订/修改品质计划					对管理评审能够定期举行，并根据评审结果及时修订品质计划得3分；否则得分不超过2分
5	是否有采取以预防为主的积极态度来达到改善品质的目的？如何体现					有具体的案例，且记录齐全得3分；没有具体案例得分不超过2分
评价		总分	15	得分		
		得分比例				

三、先期品质手法		评审得分/分				
序号	审核内容	差	一般	合格	优	评分标准
		0	1	2	3	
1	是否有制程控制计划和产品质量先期策划（Advanced Product Quality Planning，APQP）					有制程控制计划，对关键过程都有品质监控点，且很好地执行，记录齐全得3分；有制程控制计划，但对关键过程监控力度不够，有相关的记录得2分；无制程控制计划，但对关键过程能够进行品质监控，记录不齐全得1分；全无得0分
2	是否制订质量控制计划（如QC工程图）					有品质控制计划，能够运用QC的相关手法对品质情况进行统计监控得3分；否则得分不超过2分
3	是否有试产程序和量产程序					产品有试产及量产程序，对每阶段的评审记录齐全，且能够按照程序的要求执行得3分；产品有试产及量产程序，各阶段有相应的评审记录，但记录不齐全得2分；有试产及量产程序，但实际运作没有按程序的要求执行，且记录不齐全得1分；全无得0分
4	是否用良品/不良品去验证量规、测试仪器及工装的定向性					对测试仪器及治具等进行定向性验证，有验证记录，齐全得3分；否则得分不超过2分
评价		总分	12	得分		
		得分比例				

四、文件控制		评审得分/分				
序号	审核内容	差	一般	合格	优	评分标准
		0	1	2	3	
1	是否已制定了文件和资料控制程序？外部/内部文件是否有专人管理？是否有专门的文控中心进行管理？内外部文件是否分开管理					有文件控制程序，内外部文件管理有专门的文控中心且分开管理，有详细的管理流程并严格执行得3分；有文件控制程序，内外部文件有专门的文控中心得2分；只有文件控制程序得1分；全无得0分
2	是否收集相关产品设计和生产检验所需的国家标准或国际先进标准渠道					有齐全的产品标准清单和国家标准清单得3分；否则得分不超过2分
3	是否有ECN（Engineering Change Notice，工程变更通知书）、ECR（Engineer Change Request，工程变更需求）或PCN（Process Change Notice，工序改动通知）					工程更改有相应的ECN/ECR/PCN，能够及时通知相关部门及客户，有记录且有很好的追溯性得3分；工程更改有相应的ECN/ECR/PCN，能够及时通知相关部门及客户，追溯性不强得2分；工程更改有下发的ECN/ECR/PCN，但对更改结果没有进行有效验证得1分；全无得0分
4	客户提供的文件（技术/工艺）管理是否符合要求（登记，标识，发放，接收，更改）？生产/检验所用文件是否是有效版本					对客户及内部文件有清晰的接收、发放记录，记录没有涂改现象，生产/检验所用的文件为有效版本得3分；对客户提供的文件及内部文件发放为有效版本，签收记录清晰，换版能够及时收回得2分；客户及内部文件发放不规范，且现场使用检验文件个别有非有效版本得1分；对文件发放没有进行记录，大部分文件未受控得0分
评价		总分	12	得分		
		得分比例				

五、培训	评审得分/分				
序号	审核内容	差	一般	合格	优
		0	1	2	3
1	是否进行与品质有关的培训？有无培训记录				公司有员工引进计划和员工培训计划，能提供计划表，且计划表详细得3分；有员工引进计划和员工培训计划，但不能提供计划表得2分；只有员工培训计划得1分；全无得0分
2	是否向员工提供客户满意度的培训？用什么方式				公司有对员工进行客户满意度的培训，能够提供培训计划及采用授课形式进行培训得3分；有对员工进行客户满意度的培训，能够列入年度培训计划得2分；只是对员工进行口头的客户满意度培训得1分；无培训得0分
3	是否对培训效果进行考核并作为再培训计划和奖罚的参考				对员工进行培训，并进行考核，对考核不合格的员工能够进行再培训及考核，且根据结果进行奖罚得3分；对员工进行培训，并进行考核，有再培训制度得2分；对考核不合格的员工不进行再培训得1分；口头说没有考核不合格的得0分
4	相应的培训是否达到公司期望值				对全体员工进行相关的培训，能够达到公司的期望值得3分；否则得分不超过2分
5	是否有年度引进计划？是否制订年度培训计划（包括培训费用/时间安排/培训对象/层次）？是否有培训记录和考核记录？相关品质及关键岗位员工是否有上岗证				制订年度引进计划和培训计划，且内容详细，已按计划实施，有考核记录，关键岗位有上岗证得3分；有年度引进计划和培训计划，内容详细，但没有考核记录得2分；只有简单的培训计划，大部分没有实施得1分；全无得0分
6	是否对员工进行再培训和再考核？频率如何？是否有记录且及时更新				对员工能够进行再培训及考核，能够定期举行，相关的培训记录及考核记录齐全，再培训记录能够及时更新得3分；对员工只是进行入厂培训，后续不进行再培训，对培训不合格的人员有相关的制度得2分；只是对关键岗位员工进行培训得1分；对员工不进行培训得0分
评价		总分	18	得分	
		得分比例			

六、采购与供应链管理				评审得分/分		
序号	审核内容	差	一般	合格	优	评分标准
		0	1	2	3	
1	是否建立正式的采购管理程序及相应的作业流程？与供应商是否签订"技术质量保证协议"					有采购控制程序，且有采购流程，与供应商签订"技术质量保证协议书"得3分；有程序、有流程，未签订协议得2分；有程序、未有流程得1分；全无得0分
2	是否制定了供应商评审控制程序？是否有季度考评制度？是否定期进行					有供应商评审控制程序，有季度考评制度且已实施，对供应商的考评定期执行得3分；有供应商评审控制程序，有季度考评制度，未定期执行得2分；只有供应商评审控制程序得1分；全无得0分
3	有无核准的供应商目录					有标准的目录，且目录内的信息齐全得3分；有目录，供应商的信息不全得2分；目录未经公司领导批准得1分；无目录得0分
4	是否根据核准的供应商目录和BOM（Bill of Material，物料清单）进行采购？P/O（Purchase Order，订单）供应商不能全部对应目录的是否有相应的审批流程					有标准的目录，P/O供应商全部在目录内得3分；P/O供应商不能全部对应目录，但有相应的审批流程，所占比例不多得2分；P/O供应商不能全部对应目录，所占比例较多且没有审批流程得1分；否则得0分
5	有无针对供应商的CAR（Corrective Action Request，纠正措施需求）？如有是否及时进行跟进					对客户的反馈能够及时回复CAR，且针对CAR有跟进得3分；有CAR，但回复供应商不及时得2分；对CAR报告没有进行跟进得1分；没有CAR报告得0分
6	有无定期拜访？是否有记录					有对上游供应商定期拜访制度并有拜访记录得3分；有供应商拜访制度，无拜访记录得2分；没有供应商拜访制度，能够对供应商进行定期拜访得1分；全无得0分

序号	审核内容	差	一般	合格	优	评分标准
		0	1	2	3	
7	是否为其供应商制定品质目标					对供应商有制定品质目标和改进目标且已实现，对供应商能够进行定期辅导得3分；有相关的品质目标及改进目标但没有达到期望值得2分；全无得0分
8	是否有专门的SQA（Software Quality Assurance,软件质量保证）队伍对供应商进行管理					有专门的SQA队伍且定期对供应商的检验标准进行考评得3分；有专门的SQA队伍但对考评制度未定期考评得2分；没有专门的SQA队伍，由其他岗位兼职得1分；对供应商的检验标准不进行考评得0分
9	对关键器件是否要求上游供应商定期做全面的可靠性试验和第三方认证					对关键器件要求上游供应商提供全面的可靠性试验报告和第三方认证并有报告得3分；要求提供全面的可靠性试验报告但没有第三方认证并有报告得2分；上游供应商提供的可靠性试验报告中试验项目不齐全得1分；无试验报告提供得0分
10	是否有对上游供应商样品进行认定及试验考核制度					有对上游供应商样品进行认定及试验考核制度并加以实施得3分；有对样品认定制度和试验考核制度，但没有很好地实施得2分；对样品认定和试验有相关的制度，但制度不详细，记录不齐全得1分；无认定及试验制度得0分
评价		总分	30	得分		
		得分比例				

七、原材料控制		评审得分/分				
序号	审核内容	差	一般	合格	优	评分标准
		0	1	2	3	
1	是否有核准的采购产品验证控制程序和IQC（Incoming Quality Control，来料质量控制）检验流程					有采购产品验证控制程序和IQC检验流程得3分；只有采购产品验证程序但无IQC检验流程得2分；采购产品验证程序不标准，没有IQC检验流程得1分；全无得0分
2	是否有物料检验制度和抽样AQL（Acceptable Quality Limit，接收质量限）值？AQL值是否符合目标值？是否推行零缺陷检验标准					有物料检验制度，AQL值符合目标值，有推零缺陷检验标准得3分；有物料检验制度，AQL值确定的得2分；无物料检验制度，对物料随意检验得1分；对物料不检验得0分
3	是否有免检物料清单？如何界定					有免检供应商或免检物料清单，并有明确的免检标准且免检合理的得3分；有免检清单，有免检标准，但个别免检标准不合理的得2分；有免检清单，无免检标准得1分；对大部分物料都不检验得0分
4	物料发放是否遵循FIFO（First In First Out，先进先出）原则？是否用到色标卡保证FIFO					所有物料发放遵循先进先出原则，且用到色标卡标识保证先进先出的得3分；物料能够遵循先进先出原则，没有用到色标卡的得2分；能够遵循先进先出原则发放物料，但个别批次没有执行得1分；物料发放不遵循先进先出原则得0分
5	有无"紧急放行制度"来确保未检物料被有效隔离处置					有MRB（Material Review Board，材料审核委员）评审制度，未检物料能够有效隔离，案例有会议记录得3分；有MRB制度，未检物料有隔离，未有会议记录得2分；有MRB制度，未执行得1分；全无得0分
6	对物料的有效期、储存环境有无相应的程序文件规定？储存环境是否有用温、湿度计进行监控？是否有记录					有仓库管理制度，对物料的储存环境及要求有明确规定，储存环境用到温、湿度计进行监控且记录齐全连续得3分；有仓库管理制度，有温、湿度计监控得2分；有仓库管理制度，未有温、湿度计监控得1分；无仓库管理制度，无温、湿度计监控得0分

续表

序号	审核内容	差	一般	合格	优	评分标准
		0	1	2	3	
7	是否有核准的PMC（Production material control，物料控制）作业流程？是否运用ERP系统？都有哪些部门开通此业务？仓库布局、物料分类是否清楚？不合格物料或超期物料有否隔离区域					有PMC作业流程，开通ERP系统，仓库布局合理，不合格物料和超期物料能够隔离放置得3分；有PMC作业流程，开通ERP系统，仓库布局合理得2分；有PMC作业流程，仓库布局合理得1分；无流程，摆放混乱得0分
8	IQC（Incoming Quality Control，来料质量控制）检验设备是否齐全、数量是否足够、精度是否达到标准精度？有否定期调校					IQC检验设备齐全，足够数量，精度高且有调校记录得3分；IQC检验设备齐全，达到标准精度要求得2分；检验设备不全，精度不能达到标准要求得1分；检验设备不足，设备陈旧得0分
9	区域标识（待检料、合格品、不合格品）是否清楚？不合格品是否有标识？					待检区、合格区、不合格区域划分明确，有标识，清楚，SOP位置显著，且为有效版本得3分；有区域划分，未有标识，SOP为有效版本，但位置不显著得2分；有区域划分，未有区域标识，区域混乱，实际作业中没有按照区域进行得1分；无区域划分；全无得0分
10	是否有不合格物料控制程序？对来料不合格是否有处理记录？对应的记录、上游供应商是否提供分析报告及采取预防纠正措施？是否有闭环过程					有不合格物料控制程序，对来料不合格有处理记录，有供应商提供的8D报告，形成闭环得3分；有不合格物料控制程序，对来料不合格有处理记录，但供应商提供的8D报告没有闭环得2分；有不合格品控制程序，对来料不合格没有进行处理得1分；全无得0分
评价		总分	30	得分		
		得分比例				

八、制程控制及全程品质管理		评审得分/分				
序号	审核内容	差	一般	合格	优	评分标准
		0	1	2	3	
1	是否有过程控制计划和工艺流程					有工艺流程图及过程控制计划，工艺流程连续，控制点明确得3分；否则得分不超过2分
2	是否对关键、特殊过程进行明确的标识并连续监控及记录？是否明确其控制内容					对关键制程进行明确标识，且进行连续品质监控，并明确其控制内容，记录齐全得3分；对关键制程进行明确标识，且进行连续品质监控，但未明确控制内容，没有记录得2分；对关键制程没有明确标识，没有做重点监控得1分；全无得0分
3	是否对在用设备进行周期检修和保养？并做连续记录					对在用设备定期进行维护和保养，有设备点检表，记录连续齐全得3分；对在用设备定期进行维护和保养，有设备点检表，但记录不全、不连续得2分；对在用设备未进行定期维护和保养，没有设备点检表得1分；对在用设备从不维护、陈旧、脏污得0分
4	SOP（Standard Operating Procedure，标准作业程序）是否定义物料/治具的使用（如料号/名，组装工具，检验工具）					有标准的SOP，对物料/治具的使用操作及要求明确、清楚，能够很好地指导操作人员得3分；有标准的SOP，对物料/治具的使用操作及要求不明确、个别设置参数与SOP不符得2分；无SOP，但对操作人员进行治具使用培训得1分；全无得0分
5	SOP是否定义组装规格及机器设定（如锡温、螺栓起扭力设定和调整/测试规格）					有标准的SOP，对锡温、扭力、气压、时间等参数有明确的设定要求，且实际操作与SOP相符得3分；有标准的SOP，对设定的要求不详细，但实际操作按要求执行得2分；有标准的SOP，但实际操作没有按要求执行得1分；没有SOP得0分

续表

序号	审核内容	差	一般	合格	优	评分标准
		0	1	2	3	
6	是否有专人对工艺定期进行检查（如PE、QE、IPQC等）？是否有巡检记录？巡检频率如何					对生产工艺PE定期进行检查，IPQC能够定期进行巡检，有巡检记录，且巡检频率满足品质要求得3分；对生产工艺PE定期进行检查，IPQC能够定期进行巡检，有巡检记录，但巡检频率较少得2分；对生产工艺PE定期进行检查，IPQC能够定期进行巡检，没有巡检记录得1分；对PE未进行检查，没有IPQC巡检得0分
7	生产环境是否彻底执行5S并保持？检验设备是否在有效期内					厂房及作业环境清洁明亮，工位及生产用具摆放合理、整齐，生产现场井然有序，员工持上岗证并严格按照工作指引操作得3分；厂房布局合理，工具摆放整齐，但设备较陈旧得2分；环境较差，工具摆放较乱，区域划分不明确得1分；厂房环境脏污、操作人员无上岗证、工具摆放乱得0分
8	品质部门的工作流程/分工/岗位责任是否明确？如IQC/IPQC/FQA/OQC/OQA/QE					品质部门的工作流程/分工/岗位责任明确，IQC/IPQC/FQA/OQC/OQA/QE有明确的岗位要求及岗位职责得3分；品质部门的工作流程明确，岗位设置未细化得2分；品质部门的工作流程不明确，岗位设置未细化得1分；否则得0分
9	是否采用一个有效的实时系统去监控，分析并消除造成不良品的潜在因素（如SPC、柏拉图、趋势图）					生产过程用到SPC及管制图进行统计和有效的实时监控，对超出界限的点有详细的原因分析、纠正措施及预防措施，记录齐全且闭环得3分；生产过程用到SPC进行统计控制，使用较少或对管制图中超出上下界限的点能够及时地采取纠正措施，但整改结果未有结论得2分；未用到SPC进行统计控制，但有可接受的品质改善计划得1分；全无得0分
10	是否注明关键工序？对关键制程参数是否进行统计管制（如管制图、C_p/C_k分析）？关键工序的C_{pk}值是否在1.33以上					定义关键工序，且使用SPC确认和监控所有重要参数，$C_{pk} \geq 1.33$得3分；一些重要参数$C_{pk} < 1.33$，但有可接受的改善计划得2分；所有$C_{pk} < 1.33$，无相应的改善计划得1分；无SPC统计得0分

序号	审核内容	差	一般	合格	优	评分标准
		0	1	2	3	
11	对SPC管制中出现的不符合目标值项是否有原因分析和纠正措施					—
12	最终OQA检验标准及采用的AQL值是否达到公司期望指标					有OQA检验标准，且AQL值能够达到公司的期望指标得3分；有OQA检验标准，AQL值与公司的期望值有一定的差距，但能够与行业内的同类物料值相当得2分；AQL值与公司期望值差距较大得1分；无OQA检验标准得0分
13	制程不良品超出管制界限时有否紧急停线定义程序并切实落实					有紧急停线程序，并能很好地实施，且案例记录清楚得3分；有紧急停线程序，没有实施得2分；无紧急停线程序得0分
14	是否对半成品和成品进行可靠性试验及相关的试验（如高低温冲击、震动试验、寿命试验、跌落试验及兼容性试验）					可靠性试验设备齐全且良好，设备新，对所有规定做的可靠性试验都已做过，能够提供报告得3分；可靠性试验设备齐全，但设备陈旧，对规定做的可靠性试验只做关键性的部分得2分；可靠性试验设备不齐全，但设备较新，对规定做的可靠性试验只做关键性的部分得1分；全无得0分
15	产品是否定期抽检，做例行性试验并有记录？抽检频率是否达到行内标准					产品能够定期抽检做例行试验，有试验记录及报告，针对试验不合格项能够闭环，且抽检频率能够达到行业标准得3分；产品进行例行试验，有试验记录及报告，针对试验不合格项能够闭环，但频率低于行业抽检频率水平得2分；产品进行例行试验，频率低于行业抽检频率水平，针对试验不合格项未能够闭环得1分；产品没有进行例行试验得0分

续表

序号	审核内容	差	一般	合格	优	评分标准
		0	1	2	3	
16	针对一些客户对产品的特殊要求，是否针对性地做相应试验并记录或使用相应的原材料或是否进行针对性处理					对客户的特殊试验要求能够积极地配合处理，能够进行相关的试验，有试验报告或提供第三方的试验报告得3分；对客户的特殊试验要求能够进行针对性的处理，且能够让客户接受得2分；对客户的特殊试验要求回复不积极，采取应付的态度得1分；对客户的特殊试验要求不采取任何回复得0分
17	制程良率如何？是否达到或超过行业水平					制程良率超过行业水平得3分；制程良率达到行业水平得2分；制程良率低于行业水平得1分；制程良率很差，与行业水平差距较大得0分
18	产能是否均衡？生产工艺布置是否合理					产能均衡，生产工艺布置合理，设备配备合理，没有瓶颈工艺得3分；产能均衡，工艺布置合理，工序产能有一定差距得2分；产能配备不合理，有瓶颈工序，但能够采取一些措施进行协调配合得1分；各工艺配置不均衡，工序产能差距较大，没有采取任何措施协调配合得0分
19	每个工位区域划分是否有标识					合格区、不合格区、上料区等标识明确、清楚，没有混料现象得3分；没有区域标识，对良品和不良品能够在不同的区域分开，不容易出现混料得2分；没有区域划分，合格品及不良品容易混淆得1分；物料摆放混乱，合格品、不良品等很容易混乱，且经常出现得0分
评价		总分	57	得分		
		得分比例				

九、不良品物料控制		评审得分/分				
序号	审核内容	差	一般	合格	优	评分标准
		0	1	2	3	
1	是否有不合格品控制程序？对不合格品是否进行隔离控制？是否有对不合格物料及超期物料清退或报废处理流程					有不合格品控制程序，有不合格物料或超期物料的清退或处理流程，对不合格品能够进行标识、隔离处置得3分；有不合格品控制程序，有不合格物料或超期物料的清退或处理流程，但对不合格品未及时处理、标识得2分；只有不合格品处理程序，未有不合格物料或超期物料的清退或处理流程得1分；全无得0分
2	返修/返工的产品是否进行复检并有记录报告					对返修/返工的产品进行复检、记录齐全，有审批流程得3分；对返修/返工的产品进行复检，但未有报告得2分；对返修/返工的产品不进行复检得0分
3	是否有程序界定不合格品？由MRB会议（至少由品质部、工程部和生产部的负责人组成）进行					对不合格品有程序界定进行处置得3分；没有程序界定得0分
4	对紧急放行的物料有无按程序召开MRB会议及会签记录					对紧急放行物料的处置由物料审查委员会界定，有相应的流程，且能提供记录得3分；对紧急放行物料的处置由物料审查委员会界定，没有流程，没有记录得2分；对不合格品处理有流程，但没有记录得1分；全无得0分
5	对客户退货的不合格产品的处置状况是否有记录					客户退回的不良品处置进行分析处理，有相应的纠正措施报告，且有记录得3分；客户退回的不良品处置进行分析处理，但未有记录2分；客户退回的不良品处置未进行分析处理得0分
6	是否有相关的程序和措施预防不合格物料的再次发生					对不合格品有相应的程序进行控制，且有预防措施得3分；否则得分不超过2分
评价		总分	18	得分		
		得分比例				

十、纠正及预防措施		评审得分/分				评分标准
序号	审核内容	差	一般	合格	优	
		0	1	2	3	
1	针对客户的质量投诉，是否进行专门的登记？是否有专人进行分析，并制定纠正预防措施，及时回复给客户					针对客户的投诉专门进行登记，专门负责分析和处理，回复客户及时得3分；回复客户及时，进行分析、处理和跟进的得2分；回复客户的投诉，未进行登记，未及时处理得1分；客户的投诉未处理得0分
2	是否有证据证明采取积极的措施预防问题的再次发生（如实例报告、记录）					有提前预防措施，且很好地实施，记录齐全得3分；有预防措施，记录不全得2分；有预防措施，未实施，未记录得1分；全无得0分
3	是否建立客户CAR系统、内部CAR系统及供应商CAR系统					有内部CAR系统及供应商CAR系统，且已实施得3分；有CAR系统，但执行不到位得2分；有CAR系统但未执行得1分；无CAR系统得0分
4	是否有程序确保在规定时间内回复客户的CAR，并有实例证明					有程序规定回复客户CAR的时间，且针对CAR有跟进得3分；未有相应的程序，有CAR得2分；对CAR报告没有进行跟进得1；没有CAR报告得0分
5	是否有采用8D或其他正式形式对问题进行追踪和效果确认					对客户的投诉有相应的处理流程和对应的8D报告，且步骤完整得3分；有相应的处理流程，有8D报告，但步骤不全得2分；只有处理流程得1分，无报告得1；全无得0分
6	是否建立类似TQM（Total Quality Management,全面质量管理）、QCC（Quality Control Circle，品管圈）等品质组织来提升品质					实施全面质量控制，有QCC组织提升品质得3分；实施全面质量控制，没有QCC专门的团队提升品质得2分；未实施全面质量控制，但有提升品质计划得1分；全无得0分
评价		总分	18	得分		
		得分比例				

十一、量测设备/工具控制		评审得分/分				
序号	审核内容	差	一般	合格	优	评分标准
		0	1	2	3	
1	是否建立内校/外校制度？内校频率是否有规定					对量测设备/工具有内校或外校制度，有校准频率规定，且已实施得3分；只有制度和校准频率得2分；只有制度得1分；全无得0分
2	试验设备情况是否齐全且良好					所有试验的设备齐全，且设备良好、先进得3分；试验设备不齐全且设备良好得2分；试验设备不全且陈旧得1；全无得0分
3	检验、量测及测试设备是否定期校验并做标识？是否有调校记录					对检验和测试设备/工具定期校验，有调校记录并做标识，且都在有效期内得3分；定期校验，有标识，在有效期内，无记录得2分；有校验，超期、无记录得1分；全无得0分
4	免检装置/已检装置是否有明确标识及规定有效期					免检/已检装置有状态标识，标明有效期得3分；装置有状态标识，个别有效期超期，未及时收回得2分；对于新装置未进行检定或校准，直接使用得1分；对在用装置长期不检定，无标识得0分
5	标准件是否有正确的存储及管理方法？是否有文件规定量测仪具的存储方法					标准件及量测仪器按要求储存，且有文件规定储存及使用方法，实际操作按要求执行得3分；有文件规定标准件及量测仪器的储存和使用方法，但未按规定执行得2分；未有文件规定标准件和量测仪器的储存方法得1分；全无得0分

续表

序号	审核内容	差 0	一般 1	合格 2	优 3	评分标准
6	是否有检验、量测及测试设备无法校验而应报废的程序					有检验设备报废程序，且已实施得3分；有设备报废程序，对应该报废的设备没有及时停用、报废得2分；没有报废程序，对无法修复的能够及时停用得1分；无报废程序，对设备不进行报废得0分
7	是否有指定专人负责设备管理并确保未经校准的测量/测试仪器不得用于产品检验					设备和仪器管理有专人负责，且定期内校或外校，未校准的仪器能够定期收回得3分；设备和仪器管理有专人负责，未进行定期校准得2分；设备和仪器管理没有专人负责管理得1分；正在使用的仪器或设备未及时校准，大部分都已超过有效期得0分
8	是否有程序去验证测试软件的适用性，以确保软件完好并可以继续使用					测试软件有相应的程序进行验证，能够保证软件的准确性得3分；无程序验证得0分
评价		总分	24	得分		
		得分比例				

十二、环境体系及意识					评审得分 / 分
序号	审核内容	差	一般	合格	优	评分标准
		0	1	2	3	
1	是否通过ISO 14000环境体系认证？是否有环境保护发展方针及规划					有ISO 14000资格证明，有环境保护发展方针及规划得3分；无环保发展规划得2分；无方针，无规划，但实际作业符合环保要求得1分；否则得0分
2	是否有ISO 14000审核计划和提供第三方审核报告					有审核计划、有第三方审核报告且对不合格项能够闭环得3分；对内、外审核不合格项个别无闭环得2分；只有内审，无第三方审核报告得1分；全无得0分
3	特殊材料（如含铅、镉、六价铬、汞、多溴联苯及多溴联苯醚等ROHS禁用的）是否受管控					有SGS（瑞士通用公证行）或ITS（Intertek Testing Services）报告，对原材料要求上游供应商提供SGS/ITS报告，且齐全得3分；SGS/ITS报告不齐全得2分；无报告得0分（注：对以上六种物质进行管控，且打分为3分的，才能有绿色供应商资格，否则不能作为绿色供应商）
4	应对欧盟的ROHS/WEEE指令是否有制度					有针对欧盟的ROHS/WEEE规定，能够建立绿色环保体系及相关的管理制度，且已按计划实施得3分；已建立绿色环保体系，但目前还没有进行实质操作得2分；对有害物质只做一些简单的要求得1分；全无得0分
5	有无专门机构应对绿色环保计划？如进行ITS/SGS等检测机构的检测					成立专门机构应对绿色环保计划，能够定期进行SGS/ITS检测，能提供报告得3分；不能提供SGS/ITS报告，但有绿色环保计划且正在实施，对ROHS/WEEE指令中的有害物质能够进行管控得2分；没有绿色环保计划，对ROHS指令的有害物质有相关的限制规定得1分；否则得0分

续表

序号	审核内容	差 0	一般 1	合格 2	优 3	评分标准
6	有无客户的绿色伙伴表彰					获得过多个客户的绿色表彰，有证明得3分；没有获得客户绿色表彰得1分
7	有无供应商材料的绿色计划及记录建档					对上游供应商材料有绿色计划并建档，有绿色AVL清单及有绿色供应商认定制度得3分；只有绿色AVL清单得2分；只有绿色计划未实施得1分；全无得0分
评价		总分	21	得分		
		得分比例				

他山之石（2）

供应商评估表（商务）

供应商名称			所供物料	
序号	项目名称	评审得分	权重/%	加权得分	备注
1	报价				
2	计划和在制品跟踪				
3	产能计划				
4	财务稳定性				
5	物流与售后服务				
6	配合度				
	加权总分				

一、报价		评审得分/分			
序号	审核内容	差	一般	合格	优
		0	1	2	3
1	是否有及时的一流的报价流程？报价是否经过采购部、销售部、财务部等关键部门会签，由相关主管领导审批后再发给客户				
2	是否有反馈市场趋势和市场状况的系统				
3	是价格领先者或只是市场跟随者				
4	报价是基于成本模型或是基于市场条件？能否提供BOM分解报价以满足公司的要求				
5	是否有达到细化到元器件级价格的成本结构				
评价		总分	15	得分	
		得分比例			

二、计划和在制品跟踪		评审得分/分			
序号	审核内容	差	一般	合格	优
		0	1	2	3
1	如何将客户订单转化为内部P/O（Purchase Order,采购订单）工作指令？批号如何控制以保证追溯性？是否有制程跟踪卡				
2	是否使用ERP或MRPⅡ来做生产计划				
3	供应商是否愿意和有能力做客户库存管理？是否采用VMI（Vendor Managed Inventory,供应商库存管理计划）管理模式				
4	是否保证提供一个固定的货期而非根据市场条件变化？LEAD TIME（前置时间）是否优于行业内交期？生产计划和库存周转如何				
5	是否有可以提供给客户的实时的在制品跟踪系统？可追溯性是否强？是否采用条码系统				
6	如果产品在一个班次中没有进展，是否输出报告知会计划和客户服务部				
7	是否有不影响计划和弹性的工程更改实施系统				
8	准时交货率如何？是怎样跟踪的				
评价		总分	24	得分	
		得分比例			

三、产能计划		评审得分/分			
序号	审核内容	差	一般	合格	优
		0	1	2	3
1	是否愿意预留产能以满足××的需求弹性，而又不要求我们有责任义务？现有产能如何？能否满足××需求？预留产能是否进行规划				
2	是否使用客户的预测做产能计划				
3	是否有系统为VMI或者安全库存				
4	是否愿意投资以避免产能限制				
5	增长计划（通过扩张，新厂或收购）是否与公司和行业一致				
6	是否有缩短货期的持续改进计划				
评价		总分	18	得分	
	得分比例				

四、财务稳定性		评审得分/分			
序号	审核内容	差	一般	合格	优
		0	1	2	3
1	供应商过去、现在和预计的销售是否预示正的增长？提供前后三年的销售报表和销售计划				
2	供应商声称的利润水平是否显示良好的管理和健康的财务				
3	供应商的财务报表是否显示良好的财务状况并将保持？提供财务报表、资产负债表等，现金流如何				
4	是否有足够的资金支持（资源）来支撑其运作和增长（评估其资金来源：银行，风险资金，大的母公司，多元化经营的上市公司的一部分等）				
5	供应商的财务状况是否允许投资适当的资金以跟上行业的技术发展				
评价		总分	15	得分	
	得分比例				

五、物流与售后服务	评审得分/分			
序号	审核内容	差	一般	合格	优
		0	1	2	3

序号	审核内容	差 0	一般 1	合格 2	优 3
1	供应商是否有能力进行JIT配送与快速反应以达到××的紧急订单要求				
2	供应商的物流体系如何布局？能否满足××主要的销售网点的配送要求				
3	供应商的售后服务体系如何布局？能否满足××主要的销售网点的维修要求				
评价		总分	9	得分	
		得分比例			

六、配合度	评审得分/分			
序号	审核内容	差	一般	合格	优
		0	1	2	3

序号	审核内容	差 0	一般 1	合格 2	优 3
1	供应商的客户群中所占的地位如何				
2	与公司的发展意向如何？是否具备与公司共同发展的可能				
3	公司所用的产品是否是供应商的主导产品				
4	现有的客户群中是否有业内知名企业？是否有资料证明（如查看订单等）				
5	是否有明确的未来三年的技术发展规划？包括人员、资金的投入规划				
评价		总分	15	得分	
		得分比例			

审核评注：

他山之石（3）

供应商评估表（技术与产能）

供应商名称			所供物料		
序号	项目名称	评审得分	权重/%	加权得分	备注
1	设计研发能力				
2	技术支持和客户服务（后端）				
3	检验检测能力				
4	失效分析/处理				
5	工程文件控制				
6	项目管理能力				
	加权总分				

一、设计研发能力		评审得分/分				
序号	审核内容	差	一般	合格	优	评分标准
		0	1	2	3	
1	是否有预算和投入足够的资金用于新产品的研发？比例多少					每年研发资金投入占公司总收入5%得3分；低于5%大于3%得2分；小于3%得1分；没有研发资金投入得0分
2	是否有充足的人力资源确保新产品的开发能力？开发人员比例分配及学历是否合理					有足够的资金、配套的技术人员做技术储备，学历的比例分配合理得3分；有技术储备及人力资源储备规划，但投入力度不大得2分；无资金和开发人员投入做技术储备得1分
3	公司是否为行业内技术开发的领先者？产品的技术水平处于国内何等水平					公司产品技术先进，属于带领行业技术得3分；产品技术水平一般，属于行业跟随者得2分，没有自己的技术，只是采用别人的技术得1分；技术落后得0分

续表

序号	审核内容	差 0	一般 1	合格 2	优 3	评分标准
4	是否有专人研究和跟踪与公司产品有关的上游新技术					对产品的上游新技术有专门的渠道和专人跟踪，且能够及时获得最新技术并保存得3分；对上游新技术进行及时收集，但无专人跟踪得2分；对新技术只是进行了解得1分；不进行新技术收集得0分
5	产品研发机构所具备的开发手段是否先进？包括硬件和软件					有精良的开发软件、开发设备（包括开发设备的数量、精度、设备运行状态等），开发能力处于行业领先水平且能促进公司产品发展得3分；开发能力处于行业中等水平得2分；开发能力没达到行业中等水平得1分；开发能力弱，技术较落后得0分
6	是否有程序规范新产品开发、设计评审及试产的总结					有完善的设计开发程序，能够按照程序的要求进行评审及总结，流程清晰，各阶段记录齐全完整得3分；有设计开发程序，能够按照程序的要求进行评审及总结，但记录不完善得2分；有设计开发程序，但没有按照程序的要求进行各阶段的评审和总结得1分；没有开发程序，没有评审，没有总结得0分
7	产品开发过程中是否进行了FAI（First Article Inspection，首样检查）并保留记录					有FAI和完善的记录得3分；记录不完善或样品保留不全得2分；无记录或样品不保留得1分；不进行FAI得0分
8	新产品试制过程中，是否在技术上有可追溯性？ECN/PCR、ECR体系是否完善					产品文件相应的更改记录等保存完善，产品到市场上后有可追溯性或者能够应用条码系统进行追溯得3分；ECN/PCR、ECR体系完善，但产品到市场上后有可追溯性不强得2分；ECN/PCR、ECR体系不完善，产品的可追溯性差得1分；产品没有可追溯性得0分

续表

序号	审核内容	差	一般	合格	优	评分标准
		0	1	2	3	
9	是否采用有效的方法进行设计验证?如DFMEA（Design Failure Mode and Effects Analysis，设计失效模式及后果分析）、QFD（Quality Function Deployment，质量功能展开）					产品设计中能够采用DFMEA或QFD方法进行设计验证，且有相应的工作指引和流程，步骤详细，记录齐全得3分；产品设计中能够采用DFMEA或QFD方法进行设计验证，个别验证步骤短缺，但记录较齐全得2分；产品未采用DFMEA或QFD方法进行设计验证，但有可接受的验证过程得1分；不进行设计验证得0分
10	产品的通用性、兼容性及标准化程度如何?可否与大厂产品相替代					产品的通用性、兼容性强，标准化程度高，有相应规范化制度，可与大厂的产品相互替代得3分；通用性、兼容性一般，但有相应规范化制度得2分；通用性、兼容性差，标准化程度不高得1分；与大厂产品没有兼容性得0分
11	样品是否做全面的可靠性试验（包括外观机械试验、震动跌落试验、环境试验等）并有试验记录和不合格纠正的闭环过程					样品做全面的可靠性试验（包括外观机械试验、震动跌落试验、环境试验等）并有试验记录和不合格纠正的闭环过程3分；有试验记录但无闭环过程2分；试验不全面得1分；没有进行可靠性试验得0分
12	产品技术发展方向与公司产品开发方向是否一致（参考项）					产品技术发展方向与公司战略方向完全一致得3分；产品技术发展方向与公司战略方向有相关一致性得2分；产品技术发展方向与公司战略方向不一致得1分；没有产品得0分
评价		总分	36	得分		
		得分比例				

二、技术支持和客户服务（后端）		评审得分/分				
序号	审核内容	差	一般	合格	优	评分标准
		0	1	2	3	
1	是否有技术人员对客户进行指导，在生产现场是否监督及解决技术问题					能够委派技术人员指导客户，现场解决问题得3分；否则得分不超过2分
2	是否有程序、机构和人员对客户进行售后方面的服务					有专门的客户服务部门，对产品的使用能够定期进行满意度调查和拜访得3分；没有专门的售后服务部门，客户服务由业务部负责得2分；没有客户服务部门得1分
3	是否有专职工程师进行产品的各种安检及认证工作					有专职人员负责产品的安检、认证和跟进工作得3分；否则得分不超过得2分
4	是否有针对公司的项目工程师或经理负责专项的工作？对公司的FAE团队数量是否足够					有足够数量的FAE团队，有专职技术人员支持公司得3分；有足够数量的FAE团队，但没有专职技术人员支持公司得2分；无FAE团队得0分
5	是否有PCN工序更改通知制度来确保产品的质量稳定性					工序更改有PCN更改通知，能够及时通知客户，有相应的制度进行保证得3分；工序更改有PCN更改通知，未及时通知客户，但有相关的更改制度得2分；工序更改未有PCN得1分
6	对客户反馈的响应速度如何（能否在24小时内给予回复）					对客户要求能在2天内回复并能满足其要求得3分；对客户要求能在6天内回复并能满足其要求得2分；对客户要求能在10天内回复并能满足其要求得1分；无答复客户得0分
7	技术文档能否对公司公开？能否满足公司的技术培训要求					技术文档能对公司公开，能满足公司的技术培训要求得3分；技术文档只是部分对公司公开，但可以对公司进行技术支持得2分；技术文档只是部分对公司公开，不能提供对公司的技术支持得1分；技术文档对公司不公开，不提供技术支持得0分
评价		总分	21	得分		
		得分比例				

三、检验检测能力		评审得分/分				
序号	审核内容	差	一般	合格	优	评分标准
		0	1	2	3	
1	所用的检验及测试设备能否满足企业标准和客户的条件及要求					所有检测或测试设备符合企业标准的测试要求，以及能够满足客户的要求得3分；个别设备达不到客户的要求得2分；测试设备不标准，测试结果精度较差，不能满足企业标准要求得1分；无检测或测试设备，或测试设备简陋、精度差得0分
2	电检的区域划分和安排是否合理？电检的精度是否得到有效的控制？是否对电检人员进行了有效的培训并获得上岗证					电检安排合理，对精度进行有效的控制，且电检人员都进行培训并取得上岗证得3分；电检安排合理，对精度进行有效的控制，但对电检人员未进行培训得2分；进行电检，但没有对精度进行控制得1分；无电检区域得0分
3	检验及测试工序是否有质量记录					检验和测试工序有记录，且齐全准确，没有涂改得3分；检测和测试工序有记录，记录有涂改得2分；检验或测试记录不齐全，结果误差大得1分；没有记录得0分
4	是否对产品进行可靠性及环境试验？生产线上是否进行老化试验？能力是否满足产量的要求					对产品进行可靠性试验及环境试验，检验项目齐全，符合国标或企标要求，检验能力能够满足量产需求得3分；对产品进行可靠性及环境试验，检验项目不齐全但符合国标或企标要求得2分；试验项目较少，不能满足量产的要求得1分；无试验得0分
5	检验条件是否达到公司的要求或行业要求（国标或其他地区标准）					检验或试验的条件按国标执行得3分；检验或试验的条件低于国家标准，但试验条件可以接受得2分；试验条件与国标不符，但试验条件公司可以接受得1分；试验条件与国标或和公司要求差距较大得0分
6	是否有其他专业性的测试能力					除进行标准要求的测试项目外，还有能力进行其他专业性的测试得3分；只能够进行标准的测试项目，其他的专业测试没有能力得2分；只能够进行简单的测试得1分；所有的测试项目都测试不了得0分
评价		总分	18	得分		
		得分比例				

四、失效分析/处理		评审得分/分				
序号	审核内容	差	一般	合格	优	评分标准
		0	1	2	3	
1	是否有专职工程师进行失效性分析和试验					对产品的失效有专门人员进行分析和验证，对失效的原因能够采取相应的纠正措施并能够进行有效验证，并且记录闭环得3分；对产品的失效有专门人员进行分析和验证，并有相应的纠正和预防措施得2分；对产品的失效进行分析，但未有相应的纠正措施得1分；对产品失效不进行分析得0分
2	是否针对失效性问题成立改进小组并有效地开展工作					对失效元器件的分析能够成立专门的改进小组，并对失效元器件的分析有完整的过程得3分；对失效元器件的分析没有专门小组，只是相关人员进行分析，有记录得2分；对失效元器件的分析没有记录得1分；对失效元器件不进行分析得0分
3	是否对失效性的分析和改进情况进行记录以供他人借鉴					对失效分析过程和改进情况能够进行记录，且记录齐全得3分；否则得分不超过2分
4	DFMEA是否被很好地归档					产品开发中，能够运用DFMEA，且DFMEA被很好且执行得3分；DFMEA有被归档但没有被执行得2分；DMFA无归档得1；无DFMEA得0分
评价		总分	12	得分		
		得分比例				

五、工程文件控制	评审得分/分				
序号	审核内容	差	一般	合格	优	评分标准
		0	1	2	3	
1	工程文件有相应的发放控制流程，比如工程变更ECO通知、会签、发放流程且所有工程文件版本唯一					工程文件有相应的发放控制流程，如工程变更ECO通知、会签、发放流程且所有工程文件版本唯一得3分；工程文件控制有相应的流程，但个别文件版本不唯一得分不超过得2分；工程文件发放大部分不受控，现行文件有多个版本存在得1分；工程文件控制无相应的发放控制流程得0分
2	客户技术资料是否有专门的文控中心和人员管理并有详细的记录					客户技术资料有专门的文控中心进行管理或专门人员管理，签收和发放记录详细得3分；客户技术资料有专门的人员保管，但签收和发放记录不齐全得2分；客户资料无专人管理得1分；客户技术资料没有受控得0分
3	资料更改和物料变更是否及时通知客户并取得客户同意（ECR）					资料更改和物料变更及时通知客户并取得客户同意后才更改得3分；资料更改和物料变更后能够通知客户，但不征求客户的意见得2分；所有更改不通知客户得0分
4	如何确保客户资料的更改能第一时间转换为公司资料并执行					对客户资料的更改能第一时间转换成公司内部资料，有相应的转换流程，并能很好地实施得3分；否则得分不超过2分
评价		总分	12	得分		
		得分比例				

六、项目管理能力		评审得分/分				
序号	审核内容	差	一般	合格	优	评分标准
		0	1	2	3	
1	是否有项目管理规划？是否有公司专案或其他大客户专案					有能力独立进行异步开发项目管理得3分；有项目管理规划但管理不强得2分；项目管理弱，无规划得1分；无项目管理能力得0分
2	项目管理支持如何？如储备工作、快速反应制度等					准备工作充分，有快速反应机制得3分；准备工作充分或能够应用项目管理软件推进产品进度得2分；项目管理较乱得1分；全无得0分
3	客户项目管理是否能满足公司要求，并在样品、DVT（Design Verification Test，设计验证测试）、NPI（New Product Introduction，新产品导入）、MPI（Mass Product Introduction，量产导入）等各个开发阶段有足够的工程人员支持					有产品开发设计程序，对产品开发有样品、DVT、NPI、MPI等阶段，每一阶段记录齐全，有足够的工程人员支持得3分；有产品开发设计程序，对量产前的产品验证过程不全得2分；只有产品开发设计程序，未很好地实施得1分；全无得0分
评价		总分	9	得分		
		得分比例				

审核评注：

他山之石（4）

供应商评估报告

采购物品名称：

文件状态：草稿（　　）		文件标志	
正式发布（　　）		当前版本	
正在修改（　　）		作者	
		完成日期	

版本历史：

版本状态	作者	参与者	起止日期	备注

目录

采购物品介绍

候选供应商介绍

对候选供应商A的评估

对候选供应商B的评估

综合竞争力排名与风险分析

结论

附录：候选供应商的材料和应标书

1.采购物品介绍

提示：参见采购竞标邀请书

2.候选供应商介绍

候选供应商名称	介绍	联系方式

3.对候选供应商A的评估

提示：采购管理小组可以根据实际情况适当修改检查项

供应商评估报告

供应商的产品部件的功能是否符合本产品的需求	
供应商的产品部件的质量是否令人满意	
供应商的产品部件的性能价格比是否令人满意	
供应商的供货周期是否令人满意	
供应商能否提供更好的服务	
供应商的信誉如何？外界怎么评价	
供应商是否获得业界认可的证书，例如ISO质量认证、CMM2级以上证书	
……	

4.对候选供应商B的评估

5.综合竞争力排名与风险分析

排名	候选供应商名称	风险分析	结论
第1名			
第2名			
第3名			
……			

6.结论

提示：（1）采购管理小组挑选出最合适的候选供应商

（2）如果所有的候选供应商都不合格，则不必挑选供应商

评估结论	
主管签字	

附录：候选供应商的材料和应标书

四、建立采购认证体系

采购认证体系是相对采购流程的质量而言的，对采购的每个环节从质量的角度进行控制。在这个体系下，通过对供应商提供的产品质量进行检验，从而控制供应商的供应质量。

（一）采购认证体系的步骤

建立采购认证体系有如下步骤。

1. 对选择的供应商进行认证

认证的内容包括以一定的技术范围考察供应商的软件和硬件。软件是指供应商的管理水平、技术能力、工艺流程、合作意识等；硬件是指供应商设备的先进程度、工作环境的完善性等。

2. 样品试制认证

这一步骤的主要工作是对供应商的加工过程进行协调监控，如设计人员制定的技术规格和供应商的实际生产过程是否有出入；认证部门组织设计、采购、工艺、质量等部门的相关人员对供应商提供的样品及检验报告进行评审，看其是否符合企业的技术规格和质量要求（图6-2）。

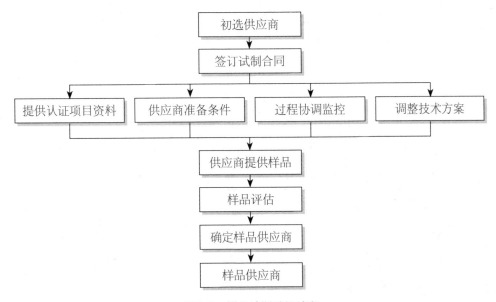

图6-2 样品试制认证流程

3. 中试认证

经过样品试制确认这一环节后，就进入了中试认证。因为样品认证合格不代表小批量生产就能符合质量要求，通常小批量生产的物料与样品的质量会存在一定的差异，所以为了将来能进行批量采购，非常有必要进行中试制认证（图6-3）。

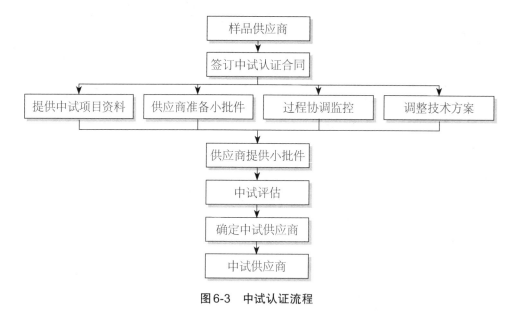

图6-3　中试认证流程

4.批试认证

批试认证的目的：一方面控制新开发产品批量生产的物料供应质量的稳定性；另一方面控制新增供应商的批量物料供应质量的稳定性（图6-4）。

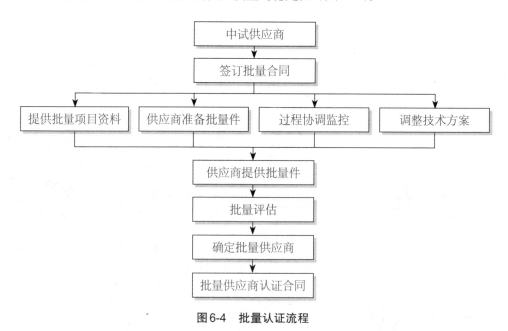

图6-4　批量认证流程

5.认证供应评估

经过上述各个环节的认证考察就可以得出合格的批量供应商，但供应商在实际的供应过程中能否严格按照供货合同供货、绩效如何、是否要调整等问题在认证过程中是看不出来的。因此只有在实际的供货过程中定期对物品的供应状况进行评估才能得出适当的结论，而定期评估的目的就是建立优化的采购环境。定期评估需要以下五个步骤，具体如图6-5所示。

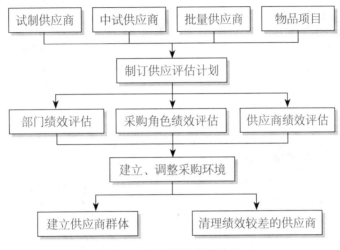

图6-5 认证供应评估流程

（二）认证过程中的质量控制

认证过程中的质量控制包括以下四项内容。

1.初选供应商的质量控制

初选供应商时，应在质量上严格把关：考察供应商的硬件（设备的先进性、环境配置完善等）、软件（人员技术水平、工艺流程、管理制度、合作意识等）；供应商是否通过ISO 9000的认证，质量控制措施如何；供应商是否为世界名牌厂商供货，是否和你将要采购的物料类似等。

（1）选择供应商的依据——技术规范

技术规范是对所要认证的物料项目的技术品质要求，它是选择供应商的依据，物料的检验标准据此生成；技术规范由产品设计人员制定，由认证部门发给供应商；当产品技术规范与供应商的相关标准存在差异时，对于合理的、不影响物料质量的改动，认证人员有责任向设计人员提出。

（2）初选供应商的质量控制的必要性

公司在设计一个新产品或者供应商在产生技术规范要求上有一定的实现难度时，

这个供应商要想参与物料供应竞争，就必须进行质量整改。而且认证人员及质量管理人员和供应商应一起研究并实施质量改进措施，认证部门应组织质量小组对供应商进行验收，直至达到技术规范要求。

2.试制认证的质量控制

试制认证是供应商提供样件（也叫做样品）并进行验证的过程。供应商提供样件方式视其物料的形式而不同，具体如图6-6所示。

外协物料	标准化物料
需要按照图纸特定的要求进行加工的物料	供应商只需从库房中提取几件，然后运送过来即可的标准化产品物料

图6-6　供应商提供样件方式

（1）试制认证阶段的外协物料质量控制可分两步走

① 第一步：对供应商外协加工过程进行协调监控，协调内容包括：设计人员制定的技术规范与供应商实际过程有出入，有时需要根据实际情况改正"技术规范"或者"图纸"；有时需要改善供应商的加工流程。

② 第二步：认证部门组织设计、工艺、质管等部门相关人员对供应商提供的样品及检测报告进行评审。其目的是验证供应商的样品能否满足公司的技术和品质要求。

（2）试制认证阶段的标准化物料质量控制

只有一个过程，即外协物料的"第二步"。在标准化物料生产过程中，供应商一般都有较严格的质量控制手段，并且是机械化、自动化、大批量作业，认证人员没有必要对过程进行监控。但对样品进行评审是必须的，因为样品的认证方法多种多样，对有些样品企业本身就可以进行评审鉴定；有些样品需要花钱借助社会其他公司协助，如金银的鉴别等。

3.中试认证的质量控制

中试认证阶段的关注点是单一样件向小批件过渡，而质量是其最重要的因素。因此作为认证人员应该记住，样品的质量符合要求，并不代表小批件质量也能符合。

（1）新开发方案的质量控制

一个新开发方案，可能在试制期间动用一切手段，使得方案得以实现。而物料的配套是精品中的精品，质量第一，成本则被放到第二位置。但这种精品很难向小批件过渡，因为供应商提供一件物料较容易，而小批件的提供则难度大（成本大、时间长）。因此，如何选择质量过关、价格适中的物料是中试认证必须解决的难题。认证人员应参与研发物料选型过程，向研发人员推荐质高价廉的物料。

（2）新供应商认证的质量控制

一个新供应商的认证，可能在试制认证期间，供应商精心筛选出一个样件提供到认证部门，以供测试评审。而到了中试认证阶段，供应商提供小批量物料时，其质量则很难保证。因为供应商难以承受大成本、长时间的煎熬。而每一个经验丰富的认证人员都会有许多的这种经历。

4.批量认证的质量控制

批量认证阶段的质量控制有两个方面：双方控制新开发方案产品批量生产的物料供应质量的稳定性；控制新增供应商的批量物料供应质量的稳定性。

（1）物料供应质量的控制

质量检验是对产品或服务的一种或多种特性进行测量、检查、试验、度量，并将这些特性与规定的标准要求进行比较以确定其符合性的活动。通过来料质量检验（对供应商送来的物料进行质量检验）来控制供应商批量物料供应质量。

（2）批量认证的质量控制的解决方法　　如图6-7所示。

方法一　**质量连续超标（不合格）的物料供应**

一方面提请供应商进行质量改进；另一方面，如果供应商的质量改进到了极限，则从产品设计系统方案入手，选配易于大批量生产的物料种类

方法二　**质量连续超标的物料供应**

可考虑对供应商物料实行免检，实际上批量认证的最终目的是使供应商物料达到免检

方法三　**免检供应商**

首先要与其签订"质量保证协议"，加入处罚措施，以从合同上对供应商物料质量进行制约，防止其质量意识松懈

图6-7　批量认证的质量控制的解决方法

（三）将采购质量认证制度化

为规范采购货物的质量认证工作，企业宜将这一过程以制度或者程序文件的形式固定下来。

他山之石（1）

样品质量评价表

编号：　　　　　　　　　　　　　　　　　　　　　　日期：　年　月　日

供应商名称		地址	
联系人		电话／传真	
样品名称		数量	
型号规格			
检测部门			
检测标准			
检测结论			
检测报告号码			
用于何种产品			
试用部门			
试用情况			
评价结果			
评价部门工程师		主管	
经理签字		日期	

他山之石（2）

货物采购环境表

序号	货物					采购环境								采购环境容量总和	备注
	编号	名称	型号	年需求量	单位	供应商一				供应商二					
						比例	价格	期限	合同	比例	价格	期限	合同		
合计															

制定		会签	开发人员		质量管理人员		认证人员		批准	
日期			工艺设计人员		采购计划制订人员		订单提交人员		日期	
采购认证编号			制定部门		任务来源说明			来源部门		

注：1.采购环境：同一物料的供应商数量不局限于两个。

2.比例：供应商在物料年需求量中占的比例。

3.合同：认证人员与供应商谈判所得的供应协议条款。

4.采购环境容量总和：同一物料所有供应商年供应能力的总和。

5.会签：物料的开发人员、工艺设计人员、质量管理人员、采购计划制订人员以及采购订单提交人员共同审核会签采购环境。

五、采购品质管理

采购质量保证体系是指企业为保证和提高采购质量，运用系统的原理和方法，设置统一协调的组织机构，把采购部门、采购环节的质量管理活动严密地组织起来，形成一个有明确任务职责、权限、互助协作的质量管理有机体系。而要建立起一个完善的、高效的采购质量保证体系，必须做到以下几点。

（一）要有明确的采购质量目标

质量目标是采购部门遵守和依从的行动指南。而质量目标确定后，则要层层下达，以保证其实施。以下是某公司在其 ISO 9001 质量管理手册中确定的采购部的质量目标（表 6-2）。

表 6-2　采购部质量目标

序号	质量目标	计算方法	测量频次
1	原材料一次验收合格率 ≥ 96%	一次验收通过原材料数 ÷ 验收总数	次 / 月
2	原材料准时交付率 ≥ 98%	准时交付批次数 ÷ 总交付批次数	次 / 月
3	材料价格 ≤ 99% × 材料市场同期价格	采购材料性价比优势是公司创造利润的重要组成部分	次 / 月
4	采购文件管理准确率 = 100%	现有采购文件数量 ÷ 应有的采购文件数量	次 / 月
5	物料库存数量 100% 符合物料安全库存标准	同期（物料实际库存数量 ÷ 核定的物料安全库存数量）= 1	次 / 月
6	不合格材料退货及时率 ≥ 99.5%	采购部应全力做好对内、对外的服务工作，确保不合格材料存退料仓时间不超过 2 日（但有周期性规定的除外）	次 / 月
7	合格供应商开发数 ≥ 8 个	开发部的核心工作是不断开发符合公司要求的合格供应商，开拓富有竞争力的原材料供给渠道，从而确保公司的持续竞争力	次 / 月

续表

序号	质量目标	计算方法	测量频次
8	供应商开发程序执行有效率＝100%	程序执行有效是规避企业内外部风险的基本要求，从而可建立系统的采购渠道开发流程	次／月
9	材料价格≤99%×材料市场同期价格	采购材料性价比优势是公司创造利润的重要组成部分	次／月
10	供应商开发资料完整率＝100%	现有供应商开发资料数量÷应有的供应商开发资料数量	次／月

（二）建立健全采购质量管理机构和制度

1.采购质量机构

采购质量机构应能起到协调技术部门、使用部门与采购部门及协调供应商与采购部门的作用，使各方面配合得更好。由于企业生产类型、规模、工艺性质、生产技术特点、生产组织形式等的不同，采购质量管理专职机构在各个企业也不一样。一般来说，可以成立由采购副总经理领导下的采购质量管理小组（或委员会）；或者由采购部门设立一个单独的采购质量管理机构，而这种机构是企业领导执行采购质量管理职能的参谋、助手和办事机构。采购质量管理专职机构在采购质量管理保证体系中的主要职责如下。

① 协助采购副总经理进行日常采购质量管理工作。

② 开展采购质量管理宣传教育。

③ 组织采购质量管理活动。

④ 制定降低质量成本的目标和方案，协同财务部门进行质量成本的汇集、分类和计算。

⑤ 协调有关部门的采购质量管理活动。

⑥ 组织供应商的评估、采购产品的质量调查、进行采购质量评价等。

2.采购质量管理制度

建立采购质量管理制度，使采购质量管理工作事事有人管、人人有专职、办事有依据、考核有标准，使所有参与人员为保证和提高采购质量而认真工作。因此各个企业根据自己的情况所规定的质量管理制度的内容也有所不同，在此主要介绍几种，具体如表6-3所示。

表6-3　常见采购质量管理制度的内容要求

序号	制度	内容要求
1	进货检验控制制度	该制度应对进货的验收、隔离、标示、结果处理；进货检验或试验的方法及判断依据；所使用的工具量具、仪器仪表和设备的维护与使用；检验人员、试验人员的技能要求等方面作出规定
2	供应商选择评估制度（程序）	该制度应就供应商选择、评估、体系的审核等确定明确的权责人员、作业程序及结果处理办法等
3	采购质量记录管理制度	可按照ISO 9000质量管理体系的要求来对采购质量的记录进行控制。采购质量记录包括两方面：一是与接收产品有关部门的记录，如验收记录、进货检验与试验报告、不合格反馈单、到供应商处的验证报告等；二是与可追溯性有关的质量记录，如验收记录、发货记录、检验报告、使用记录（出、入库单）等。对以上采购记录一定要按相关制度的规定进行填写、传递、保管

（三）建立健全采购质量标准化体系

采购标准包括国际标准、国家标准、行业标准和企业标准。而采购标准化则意味着可以简化采购工作量，意味着采供双方在达成协议时有明确的尺寸、质量、规格。因此通过加强采购标准化工作，可以保证质量、减少采购的品种、降低库存，从而降低最终产品的成本。

采购标准化是指采购物资或服务时，尽量采购那些已经形成某种标准的产品或服务，如采购按国际标准制造的零件或部件而不是去购买定制的零部件。因此一个标准化程序是为减少一个组织所购产品和服务种类而设计的程序；一个系统的标准化程序就是努力保证采购通用的产品和服务。

1.标准化程序的作用

如果采用标准化程序，所采购的产品或服务的范围将会大大缩小，从而可以带来如下好处。

① 因为增加了物品的通用性，从而减少了物品的库存，降低了库存成本。

② 采购商的产品有更大的一致性，从而使得服务也标准化了。

③ 需求可以集中于更少的供应商，从而减少了供应商的数量。

④ 因为减少了品种、增加了数量，就改进了谈判的范围，从而可以争取更好的商业条款，例如价格、运输和其他像付款这样的合同条款。

⑤ 实现更少的订单，这样可以简化管理并且使用户的需求可以更高效地得到满足。

⑥ 提供指定产品和服务的供应商能加深对采购商要求的理解，也可以更好地计

划未来。

2.标准化程序的建立

并不总是要选择最便宜的产品或服务作为选定的标准。由于用户对这样的变化有抵触情绪，便宜的产品或服务可能代表更低的特性和特征，所以这样的选择反而会降低生产力。标准化程序应当使供应的总成本降低，因此执行标准化程序应注重这些方面，而不仅仅是注重采购价格。

标准化程序首先应确定采购的高使用价值的产品和服务。有一种方法是根据使用价值来分类的，即帕累托（Pareto）方法可以把采购物品分为三种类型，如表6-4所示。

表6-4　采购物品的ABC分类

类别	占总品种数量的比例/%	占总采购价值的比例/%
A	10	70
B	20	20
C	70	10

帕累托方法告诉我们，在所有的采购中，一般有这样的规律，占总采购价值80%的商品，其品种数量仅占总品种数量的20%。因此我们可以按照管理的优先级进行，首先对20%的商品进行标准化，即首先选择此类产品进行标准化，以此来改善采购战略中关于采购的控制。

（四）加强质量教育、强化质量意识

即在企业中形成一种质量教育、强化质量意识的文化，在工作中把质量教育作为采购质量管理的"第一道工序"来抓。

质量保证协议范例

甲方：某电器有限公司

乙方：

乙方为甲方提供SW产品用的＿＿＿＿＿＿＿＿＿＿＿＿＿＿＿＿＿＿＿

双方本着"互惠互利、共同发展"的原则，为确保产品质量的稳定和提高，特签订本协议。

一、乙方为甲方提供的＿＿＿＿＿＿＿＿＿＿＿＿＿＿＿＿
质量应满足以下部分或全部要求。

1.双方签订＿＿＿＿＿＿＿＿＿＿＿＿＿＿＿＿＿＿＿＿＿＿＿。

2.甲方提供的技术标准＿＿＿＿＿＿＿＿＿＿＿＿＿＿＿＿＿＿。

3.甲方提供的图纸＿＿＿＿＿＿＿＿＿＿＿＿＿＿＿＿＿＿＿＿。

4.其他补充要求＿＿＿＿＿＿＿＿＿＿＿＿＿＿＿＿＿＿＿＿＿。

二、乙方对出厂的产品应对以下项目：

＿＿＿＿＿＿＿＿＿＿＿＿＿＿＿＿＿＿＿＿＿＿＿＿＿＿＿＿＿

＿＿＿＿＿＿＿＿＿＿＿＿＿＿＿＿＿＿＿＿＿＿＿＿＿＿＿＿＿

＿＿＿＿＿＿＿＿＿＿＿＿＿＿＿＿＿＿＿＿＿＿＿＿＿＿＿＿＿

进行全程把关，每批产品向甲方提供（用打√的方法选取）：

（　　）检验合格证

（　　）检测报告

（　　）有关检验原始记录

（　　）型式试验报告（每年）

三、甲方对乙方提供的产品质量验收，采用全数检验或抽样检验两种方法。

1.全数检验不合格率（P_1）：＿＿＿＿＿＿＿＿＿＿＿＿＿＿＿。

2.抽样检验：＿＿＿＿＿＿＿＿＿＿＿＿＿＿＿＿＿＿＿＿＿＿＿。

抽样方案：＿＿＿＿＿＿＿＿＿＿＿＿＿＿＿＿＿＿＿＿＿＿＿＿。

合格质量水平：＿＿＿＿＿＿＿＿＿＿＿＿＿＿＿＿＿＿＿＿＿＿。

抽样检验批次不合格率（P_2）：＿＿＿＿＿＿＿＿＿＿＿＿＿＿。

四、甲方对乙方产品不合格品的统计范围，应为甲方进厂检验时发现的不合格品、生产过程中发现的不合格品和售后发现的不合格品的总和。

五、产品进货检验中全数检验不合格率（P_1）和抽样检验批次不合格率（P_2）的计算方法。

全数检验

$$P_1 = \frac{进厂检验判定的不合格品数}{交验产品总批数} \times 100\%$$

抽样检验

$$P_2 = \frac{季度抽查不合格批数}{季度抽查总批数} \times 100\%$$

六、产品进厂验收的检验判定依据为：_____。

七、质量保证。

1.乙方应按甲方的要求，并参照ISO 9000系列标准建立并保持文件的质量体系，不断提高质量保证能力。

2.甲方在需要确认乙方提供的产品在制造过程中的质量保证体系及质量保证的实施状况时，征得乙方同意后可进入乙方的生产现场进行质保体系调查。

3.如果乙方将甲方所需的产品全部或部分委托给第三方制造时，甲方有权提出进入第三方的生产现场调查其质量保证能力，乙方应予积极协助。

八、为促进乙方产品质量的稳定和提高，甲方根据双方确认属乙方质量责任产生的不合格品时，采取以下经济措施。

1.被判为整批不合格的产品应及时通知乙方，经甲方做出可否回用的判定。被判为可回用的产品需办理回用手续并按降级处理，甲方将扣除该批产品总价值的_____%；被判为不可回用的不合格品甲方有权做整批退货，并收取乙方该批产品价值的_____%作为检验费和误工费。

2.合格批中的不合格品甲方除退货外，还收取乙方退货价的_____%作为检验费与误工费。

3.如因整批不合格退回，乙方不能及时再次提供合格品，甲方因此停产造成的一切损失，乙方必须负全部责任。

4.乙方为甲方提供的产品、原材料、零配件的制造工艺发生改变时，必须事先通知甲方，征得甲方同意，否则由此造成的一切损失由乙方承担。

5.如果乙方产品质量连续两个月达不到本协议规定的质量水平，或发生重大质量问题，除执行本协议的有关条款外，甲方有权减少乙方的供货量或终止合同，取消定点资格。

九、因乙方提供的供品出现质量问题造成重大事故，按国家质量法处理。

十、其他补充条款_____

_____

_____

_____。

十一、当甲、乙双方认为协议条款需要变更时，由双方协商重新签订协议。

十二、本协议未签事宜，由双方共同协调解决。

十三、本协议一式四份，各执两份，经双方签字盖章后生效。

六、采购合同管理

（一）采购合同效用

买卖双方经过询价、报价、议价、比价及决标等过程之后签订采购合同，可清楚地记载双方的权利与义务，而避免"口说无凭"的情况出现。现将采购合同的效用介绍如下。

1.可确定买卖双方的权利与义务

买卖行为若仅凭当事人的口头约定，则缺乏具体的凭据。特别是当交易条件繁杂而完成交易期限较长时，若无书面的合同为凭，则采供双方对于彼此应履行的事项，可能产生认知上的差距。所以必须订立书面合同，以确定双方的权利与义务。

2.可作为解决买卖纠纷的依据

合同明确规定了买卖双方间的权利与义务，以及发生纠纷时的解决办法。故一旦卖方不能依规定交货或履行合约行为发生差异时，便可根据合同条款，迅速采取补救措施。

3.可作为法律上的书面证据

买卖双方的交易行为发生纠纷，不能自行协商解决而必须诉诸法律时，除内容本身违反法律的合同除外，其他合同都将会优先被法院采纳为证明文件。

（二）常见采购合同条款

一份完整的采购合同通常由主要条款、一般性条款和附件三部分组成。

1.主要条款

主要条款通常包括以下内容。

① 双方当事人的名称。

② 双方地址。

③ 合同的名称及编号。

④ 法定代表人或合法代理人的姓名。

⑤ 主合同文本的份数。

⑥ 有效期限。

⑦ 签订合同的时间。

⑧ 签约地点。

⑨ 合同双方当事人的签名盖章等。

2．一般性条款

采购合同的一般性条款，即正文，是双方拟定的合同内容。采购合同的一般性条款是购销双方履行合同的基本依据，如果缺少一般性条款中的某一项或几项，购销双方的权利与义务就可能因此而变得不明确，就容易引起经济纠纷。

采购合同的一般性条款主要有以下内容。

（1）商品的名称及相关问题

① 包括商品的名称（注册牌号或商标）、品种、型号、规格、等级等。

② 数量和计量单位。采购合同的数量条款由以下因素构成：供方提供商品的数量、计量单位、计量方法以及允许范围内的正负尾差、合理磅差、超欠幅度、自然损耗等。

（2）质量条款

质量条款（产品的技术标准）是指商品的内在素质和外观形态的综合。质量条款的注意事项如下。

① 产品的技术标准应符合合同用途的标准，如执行国家标准、行业标准或其他特约标准等。注意该标准是存在的而且可以衡量的。

② 明确规定供方对产品质量负责的条件、期限及检验的期限，对成套产品还要规定对附件的质量要求。对安装运转后才能发现内在质量缺陷的产品，应规定提出质量异议的条件和时间，以备在使用过程中发生问题时与供方交涉。

③ 约定违反质量条款时的处理规定，常见的有退货、返工、降价、免费维修等。

（3）缺陷责任

大多数合同都包含一项条款，通常被称为"保证"或者"担保"，在此之下供应商对其供应的产品在设计、原材料或者制作工艺上出现的任何缺陷或质量问题时负责进行补偿。这将适用于货物被交付或者投入使用后某一段时间。

对于消费品、制造商和零售商提供的保证期通常是12个月，并且一旦已经采购了产品，就开始计算保证期。因此采购方应该就所采购货物的合适保证期进行谈判；条款应该考虑谁来支付与处理缺陷物品、包装和将物品运回供应商处等有关的费用以及其他附带成本。

（4）价格条款

合同中应该确定价格，包括但不限于单价和总价。确定价格条款时，原则上遵守国家的有关价格政策。在国家和地方没有规定统一价格的情况下，供销双方可以协商决定合理的价格。价格条款中还要注意货币单位，如果涉及国际采购、支付外汇时，则要注意汇率是变化的；同时要考虑汇率变化对合同的影响。

（5）合同涉及的标准

采购商品或服务都会涉及最终的商品或服务的交接及验收，因此会涉及一些相关的标准，如下所示。

① 产品的包装标准和包装物的供应与回收。为了保证货物运输的安全，产品包装要按国家标准或专业标准规定执行。没有国家标准或专业标准的，可按承运、托运双方商定并在合同中写明的标准进行包装；有特殊要求或采用包装代用品的，应征得运输部门的同意，并在合同中明确规定。

② 商品的验收标准及方法。商品的验收分为数量验收和质量验收。数量验收的计量方法和计量单位必须按照国家统一规定的计量方法执行，在特殊情况下，可按合同规定的计量方法执行。质量验收所采用的质量标准以及检验方法，都必须在合同中明确具体地规定出来。同时合同中还应写明进行数量检验和质量检验的地点与期限以及提出异议的期限。

（6）合同的交付条款

合同的交付条款包括交货期限、交货地点和交货方式的界定。交货期限条款应写明具体日期。季节性商品应规定更加具体的交货期限，如旬、日等。如果交货期限规定不清，供销双方解释不一致，就容易产生纠纷。

采购合同要明确规定交货地点和交货方式：是在供方所在地交货还是在需方所在地交货；合同中约定的所有商品是一次交齐还是分批交货及每次的交货数量；当供需双方同城时，是供方将商品送交给需方还是需方自己提货。这些问题都要在合同中逐项注明。

交付条款在某种程度上界定了商品或服务的所有权以及风险的转移（时间、转移地点和转移方式）。所以，交付条款的隐含风险较大。

（7）支付条款

① 支付方式。由于支付方式是多种多样的，因此对所要采用的支付方式要有明确的规定，写明是用汇票、本票、支票、信用证还是其他的方式，否则会引起纠纷。

② 支付时间。支付时间是买方支付货款的时间，这决定着是先付款还是先交货。因此，一般要在合同中约定结算时间和条件，否则容易产生纠纷。对于高价值合同和（或）长期合同，可以使用阶段性付款或分期付款，这些需要谨慎对待，付款应该与明确的交付绩效紧密地联系在一起，以便激励供应商完成工作。例如，"完成设计图纸将支付合同价格的20%"。不要基于时间进行阶段性付款／分期付款。例如，"合同开始日期3个月后将支付合同价格的10%"。因为你可能真正付款了，可是供应商可能还没做任何工作。

如果供应商不履行合同或者不能完成所要求的工作（例如如果供应商破产倒闭了），那么供应商应该为采购方提供补偿。

（8）违约条款

在采购过程中买卖双方往往会因为彼此之间的责任和权利问题引起争议，并由此引发索赔、理赔、仲裁以及诉讼等。为了防止争议的产生，以及在争议发生后能获得妥善的处理和解决，买卖双方通常都在签订合同时把违约后的索赔、免责事项等内容事先作明确的规定，这就是违约条款。

（9）违约金

采购方应预先评估供应商不履行合同特定条款的可能后果，当用货币单位表示的时候，这些就被称为"违约金"。如果供应商接受这一评估，那么违约金就可以并入合同中。为了使其是有效的（即可实施的），违约金必须是对可能损失的真实估算，而不是一些任意的数字。因为如果法院认为违约金不是对损失的真实估算，它将被认为是"罚款"，而这在法律上是不可实施的。

（10）分包条款

采购方有时候希望限制供应商将订单的一部分分包给分包商或者其他供应商。因为供应商可能会再选择较差的分包商，这会提高采购方的风险水平，而且采购方没有能力起诉供应商的分包商，因为只能是合同的一方才能就此起诉（在这种情况下，采购方不属于供应商与分包商之间的合同的一方）。所以，必须对分包也进行规定，如：没有采购方的书面同意，供应商不能将合同的任何部分进行分包。而这一"限制"不适用于在合同中已经指定的制造商。从而供应商将对分包商所做的所有工作负责。

（11）合同的变更和解除条件

在什么情况下可变更或解除合同、什么情况下不可变更或解除合同、通过什么手续来变更或解除合同等情况，都应在合同中予以规定。除此之外，采购合同应视实际情况，增加若干具体的补充规定，使签订的合同更切合实际、更具有法律效力。

3.附件

附件是指与合同有关的文书、图表和其他资料。

（三）采购合同的标准形式

一份合同中所要求的条款数量可能相当多，并且个别条款可能很复杂，因此准备和商议一份合同可能会花费很长时间。为了减轻所需的劳动强度，采供双方可以使用一种标准形式的合同，而这可以是一种"样板形式"的合同。

1.合同的样板形式

这些是全面的、综合的文件，试着对买卖双方的合同责任和义务给出一个公平的平衡。适用于某个特定行业的样板形式在该行业内必须是广泛知名的和普遍公认的，例如，我国由建设部制定的房屋买卖合同就是一份样板合同。对于此类样板合同，大多数供应商都接受这种标准形式，从而相当可观地节省了用于商议一份复杂结构合同所需的费用和时间。

2.企业标准合同

当一家企业对一项产品或服务有连续需求的时候，也可以选择性地使用企业内部制定的标准合同。一旦供应商接受了这一标准合同，那么就没有必要花费更多的时间去商议合同了。这种合同一般固定了大部分条款，例如争议的解决、商品的质量等。而在签订合同时双方一般需要确认合同的数量、金额、货物的交付时间和交付地点等。

（四）采购合同签订

1.采购合同签订方式

签订方式，一般采用下列三种之一（表6-5）。

表6-5　采购合同签订方式

序号	订约方式	特点
1	口头或电话通知方式	此种方式，手续简便，仅适用于内购案件的小笔交易或续订交易。此种方式对于买卖双方的权责，未加以详细规定，故一旦发生争执，则难以评断是非
2	确认方式	此种方式即由当事人的一方将交易内容制成书面"确认书"寄交对方。由卖方制作的，称为销售确认书或售货单；由买方制作的，称为购货确认书或订单
3	签约方式	采用此种方式签订的合同，具有比较完整的法律效力。合同上订立的条款，除交易的主要条件外，还顾及了各种法令规章与惯例，以及发生意外事故的善后或解决方法。无论是由卖方制作还是由买方制作，都必须待对方签署之后，才能产生法律效力

2.采购合同签订原则

采购合同的签订必须遵循以下原则。

① 合同的当事人必须具备法人资格。这里的法人，是指有一定的组织机构和能独立支配财产，能够独立从事流通活动或其他经济活动，享有权利和承担义务，依照法定程序成立的企业。

② 合同必须合法。也就是必须遵照国家的法律、法令、方针和政策签订合同，其内容和手续应符合有关合同管理的具体条例和实施细则的规定。

③ 必须坚持平等互利、充分协商的原则签订合同。

④ 当事人应当以自己的名义签订经济合同。委托别人代签，必须要有委托证明。

⑤ 采购合同应当采用书面形式。

3.采购合同签订程序

签订合同的程序是指合同当事人对合同的内容进行协商，取得一致意见，并签署书面协议的过程。

4.采购合同签订应注意的事项

在酝酿、签订采购合同时应注意以下事项。

① 对生产用原材料与零部件应尽可能采取统一的合同格式和条款，便于供应商统一管理。

② 合同起草讨论过程应由采购、质量、财务、法律等相关人员共同参与，由具有法定资格的代表签署。

③ 对于生产用原材料与零部件采购合同，单价及交货数量尽可能采用"开口"方式。即只确定定价的原则与方法、交货数量的计算与方法，具体的价格用报价单协议等合同附件进行约束，为定期评审价格及日常交货付款提供方便。

④ 确定价格与付款时，要依据币种、汇率，综合考虑付款方式、交货方式、付税责任、发票等，要尽量选择本国货币付款。

（五）采购合同管理

采购合同的管理通常由采购专职人员操作，主要应当做好以下几方面的工作（表6-6）。

表6-6　采购合同管理各环节的要点

序号	工作环节	内容要点
1	计划审查	审查采购计划是否在规定的时间内转化成订单合同
2	合同审批	审查合同号、数量、单位、单价、币种、发运的目的地、供应商、到货日期等
3	合同跟踪	检查采购合同的执行情况，对未按期到货的合同研究对策，加强监控
4	缺料预测	与计划人员一起操作，根据生产需求情况，推测可能产生缺料的供应合同，研究对策并实施
5	合同纠纷处理	当经济合同发生纠纷时，由双方当事人协商解决或请第三方调解解决。协商或调解不成，则可以向国家工商行政管理部门申请调解或仲裁，也可以直接向法院起诉
6	信守合同	合同履行情况的好坏，不仅关系到本企业经营活动的顺利进行，而且也关系到本企业的声誉和形象
7	合同归档保管	应该将合同按实际情况进行分类、归档保管。保管期限和方法依照公司文档管理制度执行

（六）采购合同跟踪

采购合同跟踪是采购员的重要职责。采购合同跟踪的目的有三个方面：促进合同正常执行、满足企业的物品需求、保持合理的库存水平。在实际订单操作过程中，合同、需求、库存三者之间会产生相互矛盾，其突出的表现为：因各种原因合同难以执行、需求不能满足导致缺料、库存难以控制。因此恰当地处理供应、需求、缓冲余量之间的关系是衡量采购员能力的关键指标。

1.合同执行前的跟踪

当一份订单合同制定之后，供应商是否接受订单、是否及时签订等情况都是采购员要及时了解的。

在采购环境里，同一物品有几家供应商可供选择是十分正常的情况，而独家供应的情况是很个别的。虽然每个供应商都有分配比例，但是在具体操作时还可能会遇到供应商因各种原因拒绝订单的情况。由于时间的变化，供应商可能要提出改变"认证合同条款"，包括价格、质量、货期等。作为采购员应该与供应商进行充分的沟通，从而确认可选择的供应商。如果供应商按时签返订单合同，则说明供应商的选择正确；如果供应商确实难以接受订单，千万不可勉强，可以在采购环境里另外选择其他供应商，必要时要求认证人员协助办理。与供应商正式签订过的合同要及时存档，为以后查阅做好准备。

2.合同执行中跟踪

与供应商签订的合同具有法律效力。因此采购员应该全力跟踪，合同确实需要变更时要征得供应商的同意，不可一意孤行。合同跟踪要把握以下事项。

（1）严密跟踪

严密跟踪供应商准备物品的详细过程，保证订单正常进行。如果发现问题要及时反馈，需要中途变更的要立即解决，不能够在这方面耽误时间。因而不同种类的物品，其准备过程也不同，总体上可以分为两类：一类是供应商需要按照样品或图纸确定的规格对定制物品进行加工，周期比较长，出现问题概率大；另一类是供应商有库存，不存在加工过程，周期也相对比较短，不容易出现问题。在这种情况下，前者跟踪的过程就比较复杂，后者则相对比较简单。

（2）紧密响应生产需求形式

如果因市场生产需求紧急并要求本批物品立即到货时，采购员就应该马上与供应商进行协调，必要时还应该帮助供应商解决疑难问题，从而保证需求物品的准时供应。

（3）慎重处理库存控制

库存水平在某种程度上体现了采购员的能力水平。既不能让生产缺料，又要保持

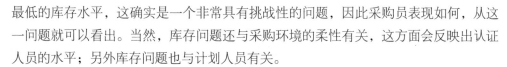

最低的库存水平，这确实是一个非常具有挑战性的问题，因此采购员表现如何，从这一问题就可以看出。当然，库存问题还与采购环境的柔性有关，这方面会反映出认证人员的水平；另外库存问题也与计划人员有关。

（4）控制好物料验收环节

物料到达订单规定的交货地点，对国内供应商来说一般是指到达企业原材料库房；对境外供应商来说一般是指到达企业的国际物流中转中心。在境外交货的情况下，供应商在交货之前会将到货情况表单传真给采购员，订单操作者必须按照原先所下的订单对到货的物料、批量、单价及总金额等进行确认，并录入归档，开始办理付款手续。而在这方面的常识是：境外物料的付款条件可能是预付款或即期付款，一般不采用延期付款。由于与供应商进行一手交钱、一手交货的方式，因此要求必须在交货前把付款手续办妥。

3.合同执行后跟踪

在按照合同规定的支付条款对供应商进行付款后需要进行合同跟踪。订单执行完毕的条件之一是供应商收到本次订单的货款。如果供应商未收到货款，采购部有责任督促付款人员按照流程规定加快操作，否则会影响企业的信誉。

另外，物料在运输或者检验过程中，可能会出现一些问题，而偶发性的小问题可由采购员或者现场检验人员与供应商进行联系解决。

4.其他事项

合同跟踪还需要进行以下事项。

① 在合同跟踪过程中，要注意供应商的质量、货期等的变化情况。需要对合同的条款进行修改的，要及时提醒相关人员，以利于订单操作。

② 注意把合同、各类经验数据的分类保存工作做好。有条件的，可以采用计算机软件管理系统进行管理，将合同进展情况录入计算机中，借助计算机自动处理跟踪合同。

③ 供应商的历史表现数据对订单下达，以及合同跟踪具有重要的参考价值，因此应当注意利用供应商的历史情况来决定对合同实施的过程办法。掌握采购环境中供应商表现数据的多寡，是衡量采购员水平的一项重要指标。

第七章

采购计划编制

导读

采购计划，是指企业管理人员在了解市场供求情况，在认知企业生产经营活动过程和掌握物料消耗规律的基础上对计划期内物料采购管理活动所做的预见性的安排及部署。采购计划是根据生产部门或其他使用部门的计划制订的，包括采购物料、采购数量、需求日期等内容的计划。

学习目标

1. 了解采购计划的目标、采购计划的类型、编制采购计划的依据。

2. 了解采购数量的编制要求，掌握采购计划编制的步骤。

3. 了解采购认证计划制订的主要环节——准备认证计划、评估认证需求、计算认证容量、制订认证计划等，掌握各个环节的操作要求、步骤和方法。

4. 了解采购订单计划的主要环节——准备订单计划、评估订单需求、计算订单容量、制订订单计划等，掌握各个环节的操作要求、步骤和方法。

5. 了解MRP的基本结构，掌握MRP的运作步骤及运用MRP系统确定采购计划的方法。

学习指引

序号	学习内容	时间安排	期望目标	未达目标的改善
1	采购计划的目标			
2	采购计划的类型			

续表

序号	学习内容	时间安排	期望目标	未达目标的改善
3	编制采购计划的依据			
4	编制采购数量计划			
5	制订采购认证计划			
6	制订采购订单计划			
7	MRP 与采购计划			

一、采购计划的目标

（一）确保物料的适时供应，满足企业生产需要

企业能否有效地经营，在于生产是否能够顺利进行。物料的采购计划与控制的首要目标，就是以最快速、最经济合理的程序，在适时适量的前提下供应生产所需的物料。

（二）最经济存量的维持

能维持物料的适当供应，而不会出现供不应求、捉襟见肘的窘境，又不会存量过多而导致企业资源闲置、资金占用。

物料控制的主要目标是物料数量与成本的控制。数量的控制是指物料的计划、订购、储存及领出等都以控制数量为主。而成本控制是对物料的采购成本加以有效利用，以期达到降低生产成本、提高企业经营利润的目的。

二、采购计划的类型

采购计划可以从不同角度进行分类。

① 按计划期长短，可以把采购计划分为年度物资采购计划、季度物资采购计划、月度物资采购计划等。

② 按物资使用方向，可以把采购计划分为生产产品用物资采购计划、维修用物资采购计划、基本建设用物资采购计划、技术改造措施用物资采购计划、科研用物资采购计划、企业管理用物资采购计划等。

③ 按物资自然属性，可以把采购计划分为金属材料采购计划、机电产品材料采购计划、非金属材料采购计划等。

④ 按采购计划程序分类——采购认证计划和采购订单计划。

⑤ 按采购层次分类——战略采购计划、业务采购计划和部门采购计划。

三、编制采购计划的依据

企业在制订采购计划时，应考虑经营计划、物资需求部门提出的采购申请、年度采购预算、库存情况、企业资金供应情况等相关因素。对企业经营活动的急需物品，应优先予以考虑。影响采购计划与预算的因素见表7-1。

表7-1 影响采购计划与预算的因素

序号	因素	说明
1	年度营销计划	（1）营销计划是影响采购计划的重要因素，必须进行认真分析 （2）注意对各种销售预测的决定因素进行评价，主要包括 ① 外界的不可控因素，如国内外经济发展情况（GDP、失业率、物价、利率等）、技术发展、竞争者状况等 ② 企业内部的可控制因素，如财务状况、技术水准、厂房设备、原料零件供应情况、人力资源及公司声誉等
2	年度生产计划	（1）生产计划源于营销计划，若营销计划过于乐观，将使产量变成存货，造成企业的财务负担；反之，将使产量不足以供应客户所需，丧失了创造利润的机会 （2）采购计划的编制应考虑生产计划，并尽量与生产计划相适应
3	用料清单	采购计划的准确性，有赖于维持最新、最正确的用料清单 （1）用料清单应保持稳定，减少频繁的修改，避免物料需求数量与实际的使用量或规格不相符 （2）用料清单应准确无误，以防造成采购数量过多或不及，物料规格过时或不易购得
4	库存管制卡	（1）应购数量必须扣除库存数量，因而，存量管制卡记载是否正确也会影响采购计划的准确性，这包括料账是否一致，以及物料存量是否全为良品 （2）若账上数量与仓库架台上的数量不符，或存量中并非全数皆为规格正确的物料，这将使仓储的数量低于实际的可取用数量，采购计划中的应购数量将会偏低
5	物料标准成本	（1）物料标准成本是编制采购预算的预测依据，应包括过去的采购资料与工程人员对总成本的准确计算 （2）标准成本与实际购入价格的差额，是采购预算准确性的评估指标

续表

序号	因素	说明
6	生产效率	（1）生产效率的高低，将使预计的物料需求量与实际的耗用量产生误差 （2）产品的生产效率降低，会导致原物料的单位耗用量提高，而使采购计划中的数量不够生产所需 （3）当生产效率有降低趋势时，采购计划必须将此额外的耗用率计算进去，才不会发生原物料短缺的现象
7	价格预期	在编订采购金额预算时，要对物料价格涨跌幅度、市场景气情况等多加预测

四、编制采购数量计划

采购数量计划是指在某一特定的期间内，应在何时购入何种材料及购入材料多少的计划。一般来说，采购数量计划是通过预估材料需用数量与时间的，以防止供应中断而影响产销活动。

（一）采购数量有何编制要求

采购数量计划应具有连续性，能达到适时、适量、适价等要求，具体如表7-2所示。

表7-2　采购数量计划的编制要求

序号	要求	说明
1	具有连续性	企业常备物料数量预算，必须参照上月销售实况与下月营运计划来决定，务必使物料计划能互相衔接配合
2	把握适当时机	必须斟酌衡量实况，有计划地适时编制，以免影响采购 （1）如果编制得太早，由于物料市场变化太大，难以适时掌握商情 （2）如果编制得太迟则因编制手续难，导致计划估算错误
3	有一定变动幅度	（1）采购物料数量的计划是一种概括性估计，误差势必难以避免，因此计划的编制须富弹性，以免临时追加或滥用 （2）一般均提出计算总值的5%作为补充备用
4	适量	物料需要量应确定每单位标准用量，并算出必要的损耗率，求出合理损耗量，以建立标准化作业

续表

序号	要求	说明
5	适价	调查行情，预估市价，所预估的价格并非时价，而是实施预算时间内所可能适用的价格
6	考虑周全	应考虑市场供需、销售计划、营运周期及资金调度与方法，以免预算编制错误
7	注意结合市场动向	科技日新月异，物料产品与技术不断更新，对物料数量计划编制、技术均应加强研究，配合时代进步，以免造成落伍

（二）采购计划编制的步骤

通常来说，企业采购数量的多寡与生产量、销售量息息相关。也就是说，生产计划及销售计划编制完后才可着手编制物料的采购数量。

1.将物料分类

必须将所需采购的物料依其本身重要性分类处理，通常可分为四大类。

① 价值较高、价格较贵的物料，其需求数量又有时间性、季节性者，应预先予以估计，并应控制最低与最高存货量。

② 物料价值高但不必确定存货量。

③ 预算采购数量已确定，但未决定需用时间。

④ 仅在预算期间内列明采购总金额的其他项目。

2.决定采购数量的步骤

一般来说，决定物料采购数量的步骤如下。

① 预估预算期内销售所需物料数量。

② 根据预估生产所需物料数量加上最低与最高存货量，求出其需求量总数。

③ 以上述数减去上期期末存量，即为计划期间内的最低与最高采购数量。其计算公式为

生产需要量+最高存货限额－期末存量＝最高采购数量
生产需要量+最低存货限额－期末存量＝最低采购数量

3.计算采购数量

结合以上资料，可依以下公式计算采购数量。

本期应购数量＝本期生产需用材料数+本期期末预定库存量－
前期预估库存量－前期已购未入库数量

4.填写采购数量计划表

用料计划表只表示某一物料某月份应予订购的总量，至于某一物料应在何时订购、订购多少及何时到货，则必须填写采购数量计划表。

五、制订采购认证计划

采购认证是指企业采购人员对采购环境进行考察并建立采购环境的过程。采购认证计划制订的主要环节有准备认证计划、评估认证需求、计算认证容量、制订认证计划等环节。

（一）准备认证计划

准备认证计划包括以下几个环节。

1.接收开发批量需求

开发批量需求是能够启动整个供应程序的牵引项，采购人员要想制订比较准确的认证计划，首先要做的就是非常熟悉开发需求计划。

（1）熟悉认证的物资项目

采购人员在拟订采购计划，与供应商接触之前，要熟悉认证的物料项目，如图7-1所示。

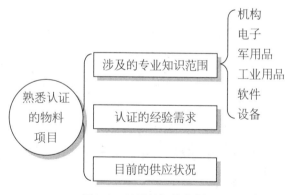

图7-1　熟悉认证的物料项目

采购人员在弄清采购项目属于哪个专业范围之后，就应尽快熟悉该领域专业知识，这样才能做到在进行认证工作时得心应手。

（2）熟悉采购批量需求

采购人员要想制订较为准确的认证计划，要做到以下两点。

① 必须对物料的需求进行分析，以确保熟知物料需求计划，因为物料需求计划

确定了采购的规模、范围和时间。

② 熟悉采购环境。

开发采购环境的需求通常有两种情形，如图7-2所示。

在以前或者目前的采购环境中就能够挖掘到的物料供应。例如，若以前所接触的供应商的供应范围比较大，就可以从这些供应商的供应范围中找到企业需要的批量物料需求

企业需要采购的是新物料，在原来形成的采购环境中不能提供，需要企业的采购部门寻找新物料的供应商

图7-2 开发采购环境需求的两种情形

2.掌握余量需求

随着企业规模的扩大，市场需求也会变得越来越大，旧的采购环境容量不足以支持企业的物料需求；或者是因为采购环境有了下降的趋势从而导致物料的采购环境容量逐渐缩小，这样就无法满足采购的需求。以上这两种情况都会产生余量需求，这就产生了对采购环境进行扩容的要求。采购人员就要在市场调查的基础上选择新的采购环境。当然，在一些管理规范的大型企业中，采购环境容量的信息一般由认证人员和订单人员来提供。

3.准备认证环境资料

采购环境的内容包括认证环境和订单环境两个部分。有些供应商的认证容量比较大，但是其订单容量比较小；有些供应商的情况恰恰相反，其认证容量比较小，但是订单容量比较大。产生这些情况的原因是认证过程本身是对供应商样件的小批量试制过程，这个过程需要强有力的技术力量支持，有时甚至需要与供应商一起开发；但是订单过程是供应商规模化的生产过程，其突出表现就是自动化机器流水作业及稳定的生产，技术工艺已经固化在生产流程之中，所以订单容量的技术支持难度比起认证容量的技术支持难度要小得多。

4.制订认证计划说明书

制订认证计划说明书也就是把认证计划所需要的材料准备好，主要包括以下内容。

① 认证计划说明书（物料项目名称、需求数量、认证周期等）。

② 开发需求计划。

③ 余量需求计划。

④ 认证环境资料等。

（二）评估认证需求

评估认证需求是采购计划的第二个步骤，其主要内容包括三个方面：分析开发批量需求、分析余量需求、确定认证需求。

1.分析开发批量需求

要进行物料开发批量需求的分析，采购人员不仅需要分析量上的需求，而且需要掌握物料的技术特征等信息。

开发批量需求的样式是各种各样的。

① 按照需求的环节可以分为研发物料开发认证需求和生产批量物料认证需求。

② 按照采购环境可以分为环境内物料需求和环境外物料需求。

③ 按照供应情况可以分为可直接供应物料和需要定做物料。

④ 按照国界可分为国内供应物料和国外供应物料等。

对于不同类别的开发批量需求，计划人员应该对开发物料需求做出详细的分析，有必要时还应该与开发人员、认证人员一起研究开发物料的技术特征，按照已有的采购环境及认证计划经验进行分类。

2.分析余量需求

分析余量需求要求首先对余量需求进行分类，并且提出应对之策。

余量认证的产生来源有两种：第一种是市场销售需求的扩大；第二种是采购环境订单容量的萎缩。这两种情况都导致了目前采购环境的订单容量难以满足用户的需求，因此需要增加采购环境容量。

对于因市场需求原因造成的，采购人员可以通过市场及生产需求计划得到各种物料的需求量及时间；对于因供应商萎缩造成的，采购人员可以通过分析现实采购环境的总体订单容量与原订单容量之间的差别，这两种情况的余量相加即可得到总的需求容量。

3.确定认证需求

认证需求是指通过认证手段，获得具有一定订单容量的采购环境。

采购人员可以根据开发批量需求及余量需求的分析结果来确定认证需求。

（三）计算认证容量

计算认证容量是采购计划的第三个步骤，它主要包括四个方面的内容：分析货源供应资料、计算总体认证容量、计算承接认证量、确定剩余认证容量。

1.分析货源供应资料

企业需要采购的物料是多种多样的，如机械、电子、软件、设备、生活日用品等物料项目，加工过程各种各样，非常复杂。作为采购主体的企业，需要认证的物料项目可能是上千种物料中的几种，熟练分析几种物料的认证资料是可能的，但是对于规模比较大的企业，分析上千种甚至上万种物料其难度则要大得多。所以，企业的采购人员要尽可能熟悉物料采购项目的认证资料。

2.计算总体认证容量

企业在认证供应商时，应该要求供应商提供一定的资源用于支持认证操作，或者一些供应商只做认证项目。总之，在供应商认证合同中，应说明认证容量与订单容量的比例，防止供应商只做批量订单，而不愿意做样件认证。计算采购环境的总体认证容量的方法是把采购环境中所有供应商的认证容量叠加即可，但对有些供应商的认证容量需要加以适当的系数。

3.计算承接认证量

承接订单量即供应商正在履行认证的合同量。

认证容量的计算是一个相当复杂的过程，各种各样的物料项目的认证周期也是不一样的，因而，通常只要求计算某一时间段的承接认证量。最恰当、最及时的处理方法就是借助电子信息系统，模拟显示供应商已承接的认证量，以便认证计划决策使用。

4.确定剩余认证容量

认证容量是指某一物料所有供应商群体的剩余认证容量的总和，其计算公式为

$$物料认证容量=物料供应商群体总体认证容量-承接认证量$$

以下通过一个企业的简单例子对确定剩余认证容量做一下说明。

【实例】

某电机厂去年生产的某型号电机销量达到10万台，根据市场反映状况，预计今年的销量会比去年增长30%（为生产10万台电机，公司需采购某种零件40万件），供应此种零件的供应商主要有两家，A的年产能力是50万件，已有25万件的订单，B的年产能力是40万件，已有20万件的订单，求出认证过程。

解：第一步，分析认证需求。

今年销售预测：$10 \times (1+30\%) = 13$（万台）。

该种零件的需求量：$13 \times 4 = 52$（万件）。

第二步，计算认证容量。

A与B的供应量是：$(50-25) + (40-20) = 45$（万件）。

$52-45 = 7$（万件）。

公司再采购7万件才能满足需求。

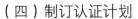

（四）制订认证计划

制订认证计划是采购计划的第四个步骤，在这一步骤中主要的工作包括对比需求与容量、综合平衡、确定余量认证计划、确定认证的数量及开始认证时间四个方面。

1.对比需求与容量

通常来说，认证需求与供应商对应的认证容量之间总会存在一定的差异，对于这些差异按以下方法来处理。

① 如果认证需求小于认证容量，则没有必要进行综合平衡，直接按照认证需求制订认证计划。

② 如果认证需求量大大超出供应商容量，则要进行认证综合平衡，对于剩余认证需求需要制订采购环境之外的认证计划。

2.综合平衡

综合平衡就是从全局出发，综合考虑市场、消费者需求、认证容量、商品生命周期等要素，判断认证需求的可行性，通过调节认证计划来尽可能地满足认证需求，并计算认证容量能否满足的剩余认证需求。

3.确定余量认证计划

对于采购环境不能满足的剩余认证需求，采购人员应确定余量认证计划，提交给采购认证人员分析并提出对策，与之一起确认采购环境之外的供应商认证计划。对于采购环境之外的社会供应群体，如果它们没有与企业签订合同，那么企业在制订认证计划时要特别小心，一定要由具有丰富经验的认证计划人员和认证人员联合操作。

4.确定认证的数量及开始认证时间

确定认证的数量及开始认证时间就是要确定认证物料数量及开始认证时间。确定认证物料数量及开始认证时间时可以按以下公式来计算。

认证物料数量=开发样件需求数量+检验测试需求数量+样品数量+机动数量
开始认证时间=要求认证结束时间-认证周期-缓冲时间

六、制订采购订单计划

采购订单计划是指在认证计划的基础上制订的实际采购清单。其主要环节包括准备采购订单计划、评估物料采购订单需求、计算订单容量、制订订单计划，下面分别详细阐述。

（一）准备采购订单计划

准备采购订单计划的工作包括预测企业的市场需求、确定企业的生产需求、准备订单环境资料、制订订单计划说明书四个方面。

1.预测企业的市场需求

市场需求是采购的牵引项，采购人员要想制订较为准确的订单计划，首先必须熟知市场需求计划或销售计划。市场需求的进一步分解便得到采购需求计划。企业的年度销售计划在上一年年末制订，并报送至各个相关部门，下发至销售部门、计划部门、采购部门，以便指导全年的供应链运作；根据年度计划制订季度、月度的市场销售需求计划。

2.确定企业的生产需求

企业的生产需求对采购来说可以称为生产和物料需求。生产和物料需求的时间是根据生产计划确定的，通常产生生产和物料需求计划是订单计划的主要来源。为了有利于生产和物料需求，采购计划人员需要熟知生产计划以及工艺常识。在MRP系统之中，物料需求计划是主生产计划的细化，它主要来源于主生产计划、物料清单和库存文件。编制物料需求计划的主要步骤包括：

① 决定毛需求；

② 决定净需求；

③ 对订单下达日期及订单数量进行计划。

3.准备订单环境资料

在订单商品的认证计划执行完毕之后，便形成该项商品的采购环境（也可称为订单环境），订单环境资料如下。

① 订单商品的供应商信息。

② 订单比例信息。对多家供应商的物料来说，每一个供应商分摊的下单比例称为订单比例，该比例由认证人员产生并给予维护。

③ 最小包装信息。

④ 订单周期。它是指从下单到交货的时间间隔，一般以天为单位。

4.制订订单计划说明书

制订订单计划说明书也就是准备好订单计划所需要的资料，主要包括以下内容：

① 订单计划说明书（商品名称、需求数量、到货日期等）；

② 市场需求计划；

③ 采购需求计划；

④ 订单环境资料等。

（二）评估物料采购订单需求

只有准确地评估订单需求，才能为计算订单容量提供参考依据，以便制订出好的订单计划。它主要包括分析市场需求、分析生产需求、确定订单需求三个方面的内容。

1.分析市场需求

订单计划不仅仅来源于采购计划，因为订单计划除了考虑销售需求之外，还要兼顾市场战略、潜在的需求等，要对市场需求有一个全面的了解，远期发展与近期切实需求相结合。

2.分析生产需求

分析生产需求是评估订单需求首先要做的工作。要分析生产需求，首先就需要研究生产需求的产生过程，然后再分析生产需求量和要货时间，以下通过一个企业的简单例子对分析生产需求进行说明。

【实例】

某企业根据生产计划大纲，对零部件的清单进行检查，得到部件的毛需求量。在第一周，现有的库存量是80件，毛需求量是40件，那么剩下的现有库存量为

$$80-40=40（件）$$

到第三周时，库存为40件，此时预计入库120件，毛需求量70件，那么新的现有库存为

$$40+120-70=90（件）$$

每周都有不同的毛需求量和入库量，于是就产生了不同的生产需求，对企业不同时期产生的不同生产需求进行分析是很有必要的。

3.确定订单需求

根据对市场需求和对生产需求的分析结果，就可以确定订单需求。通常来讲，订单需求的内容是通过订单操作手段，在未来指定的时间内，将指定数量的合格物料采购入库。

（三）计算订单容量

只有准确地计算好订单容量，才能对比需求和容量，经过综合平衡，最后制订出正确的订单计划。计算订单容量包括分析物品（项目）供应资料、计算总体订单容量、计算承接订单容量、确定剩余订单容量四个方面的内容。

1.分析物品（项目）供应资料

在采购过程中，物料和项目是整个采购工作的操作对象。对于采购工作来讲，在

目前的采购环境中，所要采购物料的供应商信息是非常重要的一项信息资料。如果没有供应商供应物料，那么无论是生产需求还是紧急的市场需求，一切都无从谈起。可见，有供应商的物料供应是满足生产需求和满足紧急市场需求的必要条件。例如，某家娱乐企业想设计一家练歌房的隔声系统，隔声玻璃棉是完成该系统的关键材料，经过项目认证人员的考察，该种材料被垄断在少数供应商的手中，在这种情况下，企业的计划人员就应充分利用好这些情报，在下达订单计划时就会有的放矢了。

2.计算总体订单容量

总体订单容量是多方面内容的组合。一般包括两方面内容：一是可供给的物料数量；二是可供给物料的交货时间。

【实例】

A供应商在12月31日之前可供应5万个特种按钮（Ⅰ型3万个，Ⅱ型2万个），B供应商在12月31日之前可供应8万个特种按钮（Ⅰ型4万个，Ⅱ型4万个），那么12月31日之前Ⅰ型和Ⅱ型两种特种按钮的总体订单容量为13万个，其中Ⅱ型按钮的总体订单容量为6万个。

3.计算承接订单容量

承接订单容量是指某供应商在指定的时间内已经签下的订单量，但是，承接订单容量的计算过程较为复杂。

【实例】

接上一例，A供应商在12月31日之前可以供给5万个特种按钮（Ⅰ型3万个，Ⅱ型2万个），若是已经承接Ⅰ型特种按钮2万个，Ⅱ型特种按钮特2万个，那么对Ⅰ型和Ⅱ型特种按钮已承接的订单量就比较清楚，即2万个（Ⅰ型）+2万个（Ⅱ型）=4万个。

4.确定剩余订单容量

剩余订单容量是指某物料所有供应商群体的剩余订单容量的总和，可以用下面的公式表示。

物料剩余订单容量=物料供应商群体总体订单容量-已承接订单量

（四）制订订单计划

制订订单计划是采购计划的最后一个环节，也是最重要的环节。它主要包括对比需求与容量、综合平衡、确定余量认证计划、确定下单数量和下单时间四个方面的内容。

1.对比需求与容量

对比需求与容量非常重要，因为只有比较出需求与容量的关系才能有的放矢地制订订单计划。

① 如果经过对比发现需求小于容量，即无论需求多大，容量总能满足需求，则企业要根据物料需求来制订订单计划。

② 如果供应商的容量小于企业的物料需求，则应根据容量制订合适的物料需求计划，这样就产生了剩余物料需求，对于剩余物料需求，需要重新制订认证计划。

2.综合平衡

综合平衡是指综合考虑市场、生产、订单容量等要素，分析物料订单需求的可行性，在必要的时候调整订单计划，计算容量不能满足的剩余订单需求。

3.确定余量认证计划

在对比需求与容量的时候，如果容量小于需求就会产生剩余需求。对于剩余需求，采购人员应将之提交给认证计划制订者处理，并确定能否按照物料需求规定的时间及数量交货。为了保证物料及时供应，此时可以通过简化认证程序，并由具有丰富经验的认证计划人员进行操作。

4.确定下单数量和下单时间

确定下单数量和下单时间是开展各项工作的基础，是采购工作得以及时、有序进行的有利保证，因此企业应当充分重视。采购订单计划里，有两个关键指标：下单数量和下单时间。

下单数量=生产需求量−计划入库量−现有库存量+安全库存量
下单时间=要求到货时间−认证周期−订单周期−缓冲时间

七、MRP与采购计划

MRP（Material Requirements Planning，物料需求计划）是生产企业用来制订物料需求计划、进行生产管理的一种应用软件。它不但可以制订出企业的物料投产计划，还可以用来制订外购件的采购计划，非常适合在加工、制造、装配企业中使用。

MRP是根据总生产进度计划中规定的最终产品的交货日期，规定必须完成各项作业的时间，编制所有较低层次零部件的生产进度计划，对外计划各种零部件的采购时间与数量，对内确定生产部门应进行加工生产的时间和数量。一旦作业不能按计划完成时，MRP系统可以对采购和生产进度的时间及数量加以调整，使各项作业的优先顺序符合实际情况。

（一）MRP的基本结构

MRP主要包括生产日程总表、物料逻辑档、零件结构表、库存量等，各自的内容与主要用途如表7-3所示。

表7-3　MRP的基本结构

类别	内容	主要用途
生产日程总表（MPS）	（1）一般根据客户订单、生产能力、物料状况来排定 （2）在需求计划型（存货型生产）中，是以预测的销售计划来排定生产日程计划的	主产品生产进度计划是MRP系统运行的主要依据
物料逻辑档	储存一切有关成品、半成品与材料的各种必要资料。如物料名称、ABC物料分类表、产品结构阶层表、采购前置时间表、物料基准存量表等	准确提供各种物料信息，便于MRP的运算与进行
零件结构表（BOM）	表示产品零件的构成内容明细及需要数量的资料	便于计算出产品所需的组合品、零件及材料
库存量	在企业仓库中实际存放的材料的可用库存数量，包括现有库存量、安全库存量等	（1）是物料需求计划运作的基础资料，可进一步计算是否发出新订购单、生产命令单、外协加工单 （2）决定已发的订购单、生产命令单是否必须进一步超前或延后

（二）MRP的运作步骤

通过MRP的运作可得知物料净需求、现有库存量、供应商的交货期与数量以及自制零件、半成品的完成时间与数量，从而使其合乎生产日程总表的要求。

一般来说，物料需求计划的制订是遵照先通过主生产计划导出有关物料的需求量与需求时间，然后再根据物料的提前期确定投产或订货时间的计算思路。其基本计算步骤如图7-3所示。

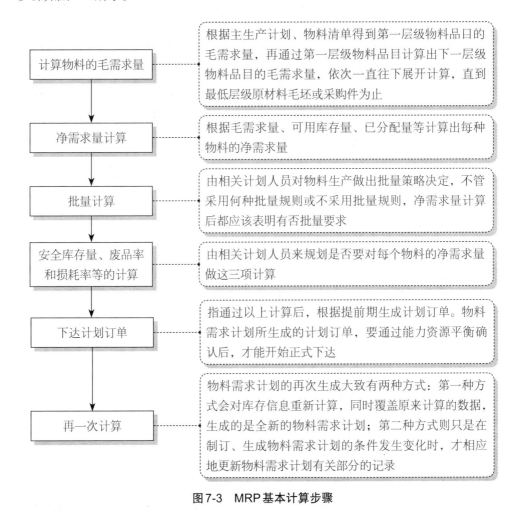

图7-3　MRP基本计算步骤

（三）确定MRP系统的采购计划

通过MRP系统的运行结果确定所需物料的计划、发出订货的订货量和订货时间就是订货计划，也就是非独立需求采购计划。

【实用案例】

　　根据下表，经过MRP计算的结果，物料C在第1周，有一个计划发出订货量15件。根据这个计划实施采购，第1周就要出差去采购，采购量为15件。由于物料C的采购提前期为3周，即经过3周也就是第4周，15件物料C就应该到货，正好满足第4周的净需求量15件。

C物料的MRP运行结果　　　　　　　　单位：件

物料：C（1级） 提前期：3周		周次							
		1	2	3	4	5	6	7	8
总需要量		20	5	40	20				
计划到货量		70							
库存量	0	50	45	5	−15	−15	−15	−15	−15
净需要量					15				
计划接受订货					15				
计划发出订货		15							

上表的情形实质上是一种理想的采购状态。因为在实际业务中，没有一个固定的订货批量，订货批量时大时小，从而无论是包装还是运输，都不太方便，有些甚至不能实现。

由于供应商的物料通常都是整箱整包地包装，一般不拆零卖，要买就买一个包装单元。也就是说，采购的数量要受供应商包装单元的约束；同样，运输要受运输单元的约束。因此采购数量最好是一个整数，是包装单元的整数倍，采购数量应当按固定订货批量进行采购。而这样就要使用固定订货批量处理的MRP计算模型，如下表所示。

采购计划的确定计算表　　　　　　　　单位：件

项目：E（1级） 订货点：60 订货批量：150 提前期：3周		周次							
		1	2	3	4	5	6	7	8
总需求量		60	40	60	40	60	40	60	40
计划在途到货			150						
订货后库存量	100	40	150	90	50	140	100	40	150
计划接受订货						150			
计划发出订货			150			150			

在上表中，产品E设定了固定订货批量150件，订货点为60件，订货提前期为3周。它在第2周有一个150件的在途到货，计划期前库存量为100件。根

据各周需求量的情况,可以计算出各周的订货后库存量。

订货后库存量,是把本周计划订货到货量考虑进来,用于销售之后还剩下的库存量。其计算公式如下。

$$本周订货后库存量=上周订货后库存量+本周在途到货量+$$
$$本周计划接受订货量-本周需求量$$

其中,本周计划接受订货量是这样确定的:判断上周的订货后库存量加上本周的计划在途到货量再减去本周需求量是否等于小于0。如果等于小于0,例如,上表中的第5周,因为第4周的订货后库存量50件加上第5周的计划在途到货量0再减去第5周的需求量60件,等于-10,小于0,所以取第5周的计划接受到货量为一个订货批量150件。同理,第8周的计划接受到货量也为一个订货批量150件,而其余各周的计划接受到货量为0。

求出了计划接受订货量之后,就可以得出采购计划发出订货量。而计划发出订货量就由计划接受订货量提前一个订货提前期而得到。例如第5周有一个150件的计划接受订货量,把它提前一个订货提前期3周,即在第2周就有一个150件的计划发出订货量。这意味着,应当在第2周就出发去采购一个批量150件,则经过一个订货提前期,即到第5周,这个150件的订货批量就能运进自己的仓库,使第5周需求量得到满足。同理,对应第8周的计划接受订货量150件,应该在第5周发出一个150件的计划发出订货量。所以上表的最后一行,实际上就是得出的采购计划。

本例是定量不定期,当然也可以是定期不定量。如果由MRP确定的计划订货量十分确定,则可以采取定期定量的采购方式。

第八章

采购订单处理与跟进

导 读

采购管理中一个重要的工作就是将采购需求转换成采购订单。采购订单是企业与供应商之间具有法律约束力的合同，包括订单数据、尺寸、付款条款等有用信息。采购订单也是记录的起点，包含工作所需的所有重要信息。对采购订单的有效处理与跟进将极大地提升采购绩效，满足企业的生产与销售需求。

学习目标

1.了解采购需求的内容，掌握采购申请单审核的要领。

2.了解采购订单准备的步骤——熟悉物品项目、确认价格、确认质量标准、确认物料需求量、制定订单说明书，掌握各个步骤的操作要领、方法和注意事项。

3.了解确认采购订单的步骤，掌握各个步骤的操作要领、方法和注意事项。

4.了解跟踪采购订单的方法，掌握各个方法的操作要领、要求和注意事项。

学习指引

序号	学习内容	时间安排	期望目标	未达目标的改善
1	确认采购需求			
2	准备采购订单			
3	确认采购订单			
4	跟踪采购订单			

一、确认采购需求

采购需求的确认是实施采购作业的首要步骤，也是采购计划的编制依据。

（一）采购需求的内容

企业的采购需求主要包括以下三个方面，具体内容如图8-1所示。

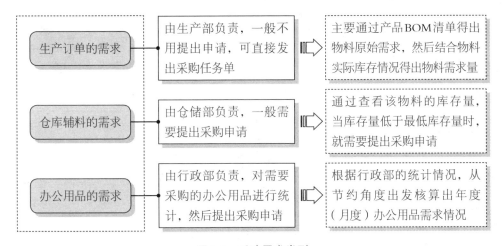

图8-1　采购需求类型

（二）审核采购申请单

需求说明就是在确认需求之后，对需求的细节如品质、包装、售后服务、运输及检验方式等，都要加以准确说明和描述。采购部门如果不了解使用部门到底需要什么，就不可能进行采购。出于这个目的，采购部门必须审核采购申请单。

1.采购申请单的内容

采购申请单应注明物资的名称、数量、需求日期、参考价格、用途、技术要求、供应商（参考）、交货期及送货方式等信息。具体内容如下。

① 采购日期。

② 编号（方便区分）。

③ 采购申请的发出部门。

④ 涉及的金额。

⑤ 采购物资的完整描述及采购数量。

⑥ 物资需求日期。

⑦ 任何特殊的发送说明。

⑧ 授权申请人的签字。

2.采购物资的规格

规格是描述产品品牌、物理和化学特性、原材料、性能、制造方法、工程图样、市场等级的技术资料，具体内容如图8-2所示。

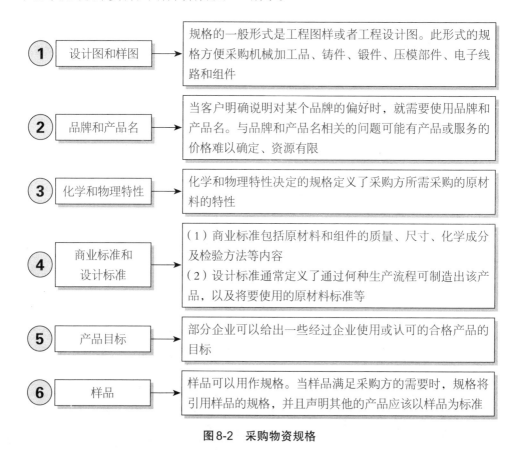

① 设计图和样图	规格的一般形式是工程图样或者工程设计图。此形式的规格方便采购机械加工品、铸件、锻件、压模部件、电子线路和组件	
② 品牌和产品名	当客户明确说明对某个品牌的偏好时，就需要使用品牌和产品名。与品牌和产品名相关的问题可能有产品或服务的价格难以确定、资源有限	
③ 化学和物理特性	化学和物理特性决定的规格定义了采购方所需采购的原材料的特性	
④ 商业标准和设计标准	（1）商业标准包括原材料和组件的质量、尺寸、化学成分及检验方法等内容 （2）设计标准通常定义了通过何种生产流程可制造出该产品，以及将要使用的原材料标准等	
⑤ 产品目标	部分企业可以给出一些经过企业使用或认可的合格产品的目标	
⑥ 样品	样品可以用作规格。当样品满足采购方的需要时，规格将引用样品的规格，并且声明其他的产品应该以样品为标准	

图8-2 采购物资规格

二、准备采购订单

采购部在接到审核确认的请购单之后，不要立即向供应商下达订单，而是先要进行以下订单准备工作。

（一）熟悉物品项目

采购人员首先应熟悉订单计划，订单上采购的物品种类有时可能很多，有时可能是从来没有采购过的物品项目，其采购环境不一定熟知，这就需要采购人员花时间去了解物品项目的技术资料等。

（二）确认价格

由于采购环境的变化，作为采购人员应对采购最终的价格负责，跟单人员有权利向采购环节（供应商群体）价格最低的供应商下达订单合同，以维护采购的最大利益。

（三）确认质量标准

采购人员与供应商的日常接触较多，由于供应商实力的变化，对于前一订单的质量标准是否需要调整，采购人员应随时掌握。

（四）确认物料需求量

订单计划的需求量应等于或小于采购环境订单容量（经验丰富的采购人员不查询系统也能知道），如果大于则提醒认证人员扩展采购环境容量；另外，对计划人员的错误操作，采购人员应及时提出以保证订单计划的需求量与采购环境订单容量相匹配。

（五）制定订单说明书

订单说明书的主要内容包括项目名称、确认的价格、确认的质量标准、确认的需求量、是否需要扩展采购环境容量等方面，另附有必要的图纸、技术规范、检验标准等。

三、确认采购订单

采购订单根据采购物品的要求、供应的情况、企业本身的管理要求、采购方针等要求的不同而各不相同。采购订单的确认一般需要经过以下过程。

（一）制作订单

拥有采购信息管理系统的企业，采购人员直接在信息系统中生成订单，在其他情况下，需要订单制作者自选编排打印。通常企业都有固定标准的订单格式，而且这种格式是供应商认可的，采购人员只需在标准合同中填写相关参数（物品名称、代码、单位、数量、单价、总价、交货期等）及一些特殊说明后，即完成制作合同操作。

对于国外采购，双方沟通不易，订单成为确认交易必需的工具。当采购单位决定采购对象后，通常会寄发订单给供应商，作为双方将来交货、验货、付款的依据。国内采购可依情况决定是否给予供应商订单。由于采购部门签发订单后，有时并未要求供应商签署并寄回，形成买方对卖方的单向承诺，实属不利。但订单能使卖方安心交货，甚至可获得融资的便利。

订单内容应特别侧重交易条件、交货日期、运输方式、单价、付款方式等方面。根据用途不同，订单可分为厂商联（第一联），作为厂商交货时的凭证；回执联（第二联），由厂商签认后寄回；物品联（第三联），作为控制存量及验收的参考；请款联（第四联），可取代验收单；承办联（第五联），制发订单的单位自存。

（二）审批订单

审批订单是订单操作的重要环节，一般由专职人员负责。主要审查内容如下。

① 订单上的物品描述与请购单上的要求是否相符。

② 订单与采购计划是否相符。

③ 所选供应商是否为经确认的合格供应者。

④ 价格是否在允许范围之内，到货期是否符合订单计划的到货要求等。

（三）与供应商签订订单

经过审批的订单，即可传至供应商确定并盖章签字。签订订单的方式有4种。

① 与供应商面对面确认订单，买卖双方现场盖章签字。

② 采购人员使用传真机将打印好的订单传至供应商，并且供应商以同样方式传回。

③ 使用E-mail进行订单的确认，买方向供应商发订单E-mail，则表示接受订单并完成签字。

④ 建立专用的订单信息管理系统，完成订单信息在买卖双方之间的传递。

（四）执行订单

在完成订单确认之后，即转入订单的执行时期。加工型供应商要进行备料、加工、组装、调试等过程；存货型供应商只需从库房中调集相关产品及进行适当处理，即可送往买家。

四、跟踪采购订单

订单跟踪的目的有三个方面：促进合同正常执行、满足企业的物料需求、保持合理的库存水平。在实际订单操作过程中，合同、需求、库存三者之间会产生相互矛盾，突出的表现为：由于各种原因合同难以执行、需求不能满足导致缺料、库存难以控制。恰当地处理供应、需求、缓冲余量之间的关系是衡量采购人员能力的关键指标。

（一）安排跟单人员

跟单是检查供应商的交付计划并识别可能出现问题的过程，采购部门可以根据本部门的结构来选择合适的方法。

1.采购员负责

一般来说，各采购员对各自的业务进展情况比较熟悉，因此，采购部门可以指定采购员对各自的业务进行跟单。

2.专人负责

采购部门可以在部门指派专门的跟单人员，统一对所有的采购进行跟单控制。

3.联合其他部门进行跟单

由于采购的物料都与生产、设计、品质等部门密切相关，因此，采购部门可以上报分管经理，联合其他部门人员进行催单。

（二）完善跟单系统和跟单机制

采购部门应该形成一整套的催货系统和催货机制，以保证催货工作有条不紊地进行。并非所有的订单都需要催货，因此为了便于催货，可以将订单进行分类，具体如表8-1所示。

表8-1 订单跟催分类

序号	类别	跟催要求
1	A类订单	非常重要的，值得进行供应商访问的订单，以保证订单履行
2	B类订单	需要通过电话或电子邮件提醒供应商的订单
3	C类订单	只有当供应商不能按合同要求及时发运时才进行催促的订单
4	D类订单	只有当有特殊要求时才进行跟踪的订单

（三）订单执行前的跟进

当制定完一个订单后，采购部门应安排跟单人员及时了解供应商是否接受订单，是否及时签订等情况。

对于采购企业而言，同一物料往往有几家供应商可供选择。独家供应商的情况很少。尽管每个供应商都有分配比例，但在具体操作时可能会遇到因为各种原因的拒单现象，由于时间变化，供应商可能要提出改变"认证合同条款"，包括价格、质量、货期等。跟单人员应充分与供应商进行沟通，确定本次物料可供应的供应商，如果供应商按时签返订单，则可以确定好所选择的供应商；如果所选择的供应商确定难以接受订单，则还需在采购环境里另外选择其他供应商，必要时要求认证人员、质量人员的协助。与供应商正式签订过的合同要及时存档，以备后查。

（四）订单执行中的跟进

与供应商签订的合同具有法律效力，跟单人员应全力跟踪，确定需要变更时要征得供应商的同意，不可一意孤行。订单跟踪应把握以下事项。

1.严密监控供应商准备物料的详细过程

在监控过程中发现问题要及时反馈，需要中途变更的要立即解决，不可贻误时间。不同种类的物料，其准备过程也不同，总体上可分为两类。

① 供应商需要按照样品或图纸定制的物料，需要加工过程，周期长、变数多。
② 供应商有存货，不需要加工过程，周期短。
前者跟踪过程复杂，后者相对比较简单。

2.紧密响应生产需求形势

如果因市场生产需求紧急，要本批物料立即到货，应马上与供应商协商，必要时可帮助供应商解决疑难问题，保证需求物料的准时供应。

企业常把供应商比作自己的战略合作伙伴，这时正是需要伙伴出力的时候，有时市场需求出现滞销，企业经研究决定延缓或取消本次订单物料供应，跟单人员也应尽快与供应商进行沟通，确定其可承受的延缓时间，或终止本次订单操作，给供应商相应的赔款。

3.慎重处理库存控制

库存水平在某种程度上体现了跟单人员的水平，既不能让生产缺料，又要保持最低的库存水平，这确实是一项难以应对的问题，跟单人员的经验表现在何处，在此一见高低。当然，库存问题还与采购环境的柔性有关，这个方面反映出认证人员的水平，库存问题也与计划人员有关。

4.控制好物料验收环节

物料到达订单规定的交货地点，对国内供应商一般是企业原材料库房，对国外供应商一般是企业国际物流中转中心。在境外交货的情况下，供应商在交货前会将到货情况表单传真给跟单人员，跟单人员应按照原先所下的订单对到货的物品、批量、单价及总金额等进行确认，并进行录入归档，开始办理付款手续。境外的付款条件可能是预付款或即期付款，一般不采用延期付款，与供应商进行"一手交钱，一手交货"，因此跟单人员必须在交货前把付款手续办妥。

（五）订单执行后的跟进

1.付款

采购方应按合同规定的支付条款对供应商进行付款，并进行跟踪。订单执行完毕的柔性条件之一是供应商收到本次订单的货款，如果供应商未收到付款，跟单人员有责任督促付款人员按照流程规定加快操作，否则会影响企业信誉。

2.使用中物料问题的处理

物料在使用过程中，可能会出现问题，偶发性的小问题可由采购人员或现场检验者联系供应商解决，重要的问题可由质检人员、认证人员解决。

（六）处理特殊订单

在实际业务中，采购部门可能会遇到一些特殊的情形，如小额订单、紧急订单等，应有针对性地进行处理。

1.小额订单的处理

依照"80/20法则"（柏拉图原理），就采购而言，80%的请购单只占采购总金额的20%。换句话说，小额请购占用了绝大多数采购作业的人力，而解决之道在于降低小额请购的批次。通常，采购部门可采取一些合理的解决方式，具体如表8-2所示。

表8-2　小额订单的处理

序号	方法	操作说明
1	集中采购	（1）将各部门所需的小量请购，交由指定的部门集中办理，统筹供需 （2）可以指定这些小量物料的请购日期，在同一时间内汇集其需求量，以便一次性采购；而且集中采购不但可节省人力，也可获取折扣
2	减少品种	要设法将小量采购的项目标准化，借以减少请购次数。比如将规格相近的物品加以汇总，订出通用的标准规格。如果此品种减少了，请购的件数也就会随之降低
3	化零为整	在接到小量请购时，如果不是紧急需用者，就将其暂时搁置，待累计小额请购单达至一定数量或金额时，再行采购
4	采取统购	（1）统购是将价值不高、价格稳定且经常需用而品种规格繁多的物品进行统一采购 （2）应先与供应商签订统购合约，议定价格。当需用时，由请购部门直接通知供应商送货，免除请购及采购的手续

2.紧急订单的处理

一般来说，由于存货管制失误、生产计划不当、错失采购时机、请购的延误等原因，会出现紧急订单。紧急请购将会造成品质降低、价格偏高等损失，因此应做好存货管制、生产计划，并正确掌握请购及采购时机，以避免负担产销上的额外成本。

但对于那些并不是出于紧急需要的所谓"紧急"订单而言，可以通过正确的采购流程方面的教育加以解决。例如在一家企业，如果某一个部门发出了紧急订单，这个部门必须向总经理做出解释并需得到批准。而且，即使这一申请得到批准，紧急采购所增加的成本在确定之后也要由发出订单的部门来承担，其结果自然是紧急订单的大量减少。

第九章
物料交货入库控制

导 读

　　企业所采购的物料进入仓库时的一系列行为即是入库。物料入库是物料储存活动的开始，是仓储作业的首要环节。物料的入库包括物料的卸货、点数、质检、排位、堆垛等几个方面的工作内容，其中卸货、点数、质检属于仓库理货的范围，是对供应商送来的原料是否符合收货要求的确认过程。企业应加强物料交货入库控制，从而有利于改善企业的物流管理。

学习目标

　　1.了解有关物料的交货方式和允收期限的要求，能够根据实际情况确定交货方式与交货日期。

　　2.了解验收管理的要求，能够制定合理的标准化规格，在合同条款中应写明验收标准，并且设置健全的验收组织。

　　3.了解物料入库准备、接收入库、入库登记的各项工作要求，掌握其操作步骤、方法和注意事项。

学习指引

序号	学习内容	时间安排	期望目标	未达目标的改善
1	确定交货方式			
2	确定交货允许期限			
3	对验收管理做出明确规定			
4	物料入库准备			
5	物料接收入库			
6	物料入库登记			

一、确定交货方式

采购方对于所订购物料的交货方式应该事先与供应商协商确定下来，一般而言，交货的方式有四种，如图9-1所示。

供应商包送	供应商包送是指供应商负责将物料送到企业仓库。对企业而言，这是一种最省事的方式。其好处就是把运输进货的所有事务都交给了供应商，由供应商承担运输费用、货损、货差和运输风险。企业只等供应商送货上门，只需要与供应商进行一次交接和验收就可以完成此次采购任务
托运	托运即委托运输，由供应商委托一家运输公司，把物料送到采购方手中。这种方式采购方也比较省事，所委托的运输商通常是铁路部门或是汽车运输公司，这时企业也只需要和运输商进行一次交接，不过这种方式比第一种方式麻烦，如果运输的货物出现差错或出现货损、货差时，就需要取得运输商的认证，还要和供应商联系、洽商补货、退赔等事宜
外包	这是企业向供应商下订单以后，由采购方把运输进货外包给第三方物流企业或运输商。这时企业要进行两次交接、两次验货，和供应商交接一次，和运输商交接一次，并且要根据与供应商签订合同的情况，决定企业是否还要承担运输损失和运输风险
自提	这种方式是企业自己带车到供应商处去提货，自己承担运输进货业务。这种方式要和供应商进行一次交接、一次验货，但是，自己要全部承担运输途中的风险及费用，而且自己入库时，还要进行一次入库验收

图9-1 供应商交货的方式

二、确定交货允许期限

延迟或提早交货都会给企业带来一些问题。

（一）交货延迟会增加成本

延迟交货，毫无疑问会阻碍企业生产或经营活动的顺利进行，会对生产现场及经营或其有关部门带来有形或无形的不良影响。

① 由于物品进库的延误，发生空等或耽误而导致效率下降。

② 为恢复原状（正常生产、经营），有需加班或例假出勤的情况，导致增加人工费用。

③ 物品的交期延迟，会失去客户的信用，导致订单减少。

④ 成为造成修改或误制的原因。

⑤ 延误的频度高，需增员来督促。

⑥ 使作业人员的工作意愿减退。

（二）提早交货也会增加成本

一般人总以为提早交货的不良影响不如延迟交货，实际上两者都会成为企业成本增加的原因。以下两点为其主要理由。

① 允许提早交货则会发生其他物品的延迟交货（供应商为资金调度的方便会优先生产高价格的物品以提早交货，所以假如允许其提早交货，就会造成低价格物品的延迟交货）。

② 不急于使用的物品的交货，必定增加存货而导致资金运用效率的恶化。

基于以上分析，必须明确规定允许期限的范围，严格加以限制，尤其要避免提前付款。

三、对验收管理做出明确规定

供应商交来的物料，如与订单上记载的数量不符，则不予签收。查核数量时，由于采用分别点收的方法确实麻烦，因此多数企业都利用数箱数或计算秤等来确认物料的数量。另外，经验收后部分不良物料，可能也会有被退货、整修再重新交料等的可能性，因而企业应对验收管理做出明确规定。

（一）制定合理的标准化规格

规格的制定涉及专门的技术，通常由采购方提出，验收标准要以经济实用为原则，切勿要求过严。所以，在制定标准化规格时，既要考虑供应商的供应能力，又要顾及交货后是否可以检验。否则，一切文字上的约束都会因无法检验而流于形式。当然，也不能过于宽泛，否则会导致供应商以次充好，从而影响企业采购物品的正常使用。

（二）合同条款应写明验收标准

规格虽属技术范畴，但是招标时仍要列作审查的要件，不能有丝毫含混。因为其涉及品质的优缺与价格的高低。同时，采购人员应注意招标单上所列的项目是否做到了详尽明确的订立，有些关键的地方是否附带了详图说明。确认了这些问题，才能避免供应商发生误会。

另外，在合同中对验收标准要加以详细说明，使交货验收时，不至于因内容含混而引起纠纷。

（三）设置健全的验收组织

验收小组可由设计、品质、财务和采购人员组成。企业应制定出一套完善的采购验收制度，同时对专业验收人员进行专业训练，使其具有良好的操守、丰富的知识与经验，然后对验收人员进行绩效评估，以发挥验收小组应有的作用。

（四）采购与验收各司其职

现代采购讲究分工合作，通常，企业会规定：直接采购人员不得主持验收，以免徇私舞弊发生。一般规定用料品质与性能由质量检验人员负责，其形状、数量则由仓库收料人员负责。只有采购、检验、收料人员分工负责，各司其职，才能达到预期效果。

四、物料入库准备

（一）物品入库的信息管理

1.加强日常业务联系

仓管员应根据储存情况，经常与存货单位、仓库主管部门、生产厂家或运输部门联系，了解库存商品、物品情况，掌握入库商品/物品的品种、类别、数量和到库时间，以备精确安排入库的准备事项。

一般来说，商品、物品入库主管部门要提前（至少1天）通知仓库，以便仓管员做好接货的各项准备工作。仓管员对主管部门安排储存的商品、物品不得挑剔。

2.主动确认到货信息

当仓管员在接到"收货通知"并确认其有效、无误后，在物品到达之前应主动与采购部门或供货商联系，了解物品入库应具备的凭证和相关技术资料（如物品的性质、特点、保管事项等），尤其是对新物品或不熟悉的物品要特别注意。

（二）物品入库的场地准备

1.确定仓库存放位置

在接到进货单并确认为无误后，仓管员应根据库存商品、物品的性能、数量、类别，结合分区分类保管的要求，核算所需的货位面积（仓容）大小，确定存放位置以及必要的验收场地。对于新商品、物品或不熟悉的商品、物品的入库，要事先向存货单位详细了解商品、物品的性质、特点、保管方法和有关注意事项，以便在商品、物品入库后做好保管养护工作。常见的划分物品存放位置的方法如图9-2所示，仓管员需要根据物品的实际情况选择存放物品的方法。

按物品的种类和性质分类储存	这是大多数仓库采用的分区分类储存方法，它要求按照物品的种类及性质进行分类存放，以便于物品的保养
按物品的危险性质分类储存	这种分类储存的方式主要用于储存危险品的特种仓库。它按照物品的危险性质，对易燃、易爆、易氧化、有腐蚀性、有毒害性、有放射性的物品进行分开存放，避免相互接触，防止事故的发生
按物品的归属单位分类储存	这种方法主要用于专门从事保管业务的仓库。根据物品所属的单位对其进行分区保存，可以提高物品出入库的作业效率，同时也能减少差错的发生
按物品的运输方式分类储存	这种分类储存方法主要用于储存期短而进出量较大的中转仓库或待运仓库。它依据物品的发运地及运输方式进行分类保存
按物品的存储作业特点分类储存	根据物品储存作业时具体的操作方法，将物品分类储存。例如，将进出库频繁、需严格按照"先入先出"的规律储存的物品存放在车辆进出方便、装卸搬运容易、靠近库门的区域。而将储存期较长、不需严格按照"先入先出"的规律储存的物品，储存在库房深处或多层仓库的楼上

图9-2　常见的划分物品存放位置的方法

2.整理仓库货位

确定物品的具体存放位置后，就需要对相应区域进行适当的整理工作，从而便于物品的存放及保养，其整理的工作事项如下。

① 准备验收场地。

② 腾出存放空间。

③ 做好现场清洁。

④ 备足苫垫用品。

（三）物品入库的人机准备

物品入库的人机准备如表9-1所示。

表9-1　物品入库的人机准备

序号	准备事项	说明
1	组织人力	根据商品、物品进出库的数量和时间，做好收货人员和堆码人员等劳动力的安排工作。采用机械操作的要定人、定机，事先安排好作业顺序
2	准备储存设备	为保证入库作业的顺利进行，仓管员应根据入库商品、物品的验收内容和方法，以及商品、物品的包装体积、重量，准备各种商品、物品数量、质量、包装、装卸、堆码所需的点数、称量、测试机具等点验用具。要做到事先检查，保证准确有效。仓库的储存设备是指用来存放各种物品的容器和设备，它包括各种料架、料仓、料槽、储罐等
3	准备计量设备	仓库的计量设备可分为称量设备和量具两类
4	准备搬运设备	搬运设备的种类越多，选择的余地也就越大。设备选择正确时可以带来便利，但如果选择错了，反而会变得麻烦。所以，选择搬运器械时要考虑设备的特性
5	准备苫垫和劳保用品	根据入库商品、物品的性能、数量和储存场所的条件，核算所需苫垫用品的数量，备足必需的数量。尤其对于底层仓间和露天场地存放的商品、物品，更应注意苫垫物品的选择和准备。同时，应根据需要准备好劳动保护用品

五、物料接收入库

物品入库涉及多项工作，必须按流程进行。物品入库首先要做好准备工作，如划分存放位置、整理存放区域等，当物品送到企业时，仓管员要对物品进行验收，并按流程进行卸货。同时在企业日常生产工作中，仓库要配合生产部门做好物品入库工作，如做好物品调换、进料退货、物品退库、退料补货等工作。

验收入库是一个重要的环节，不但要核对物品数量，还要把好质量关，具体包括如图9-3所示的环节。

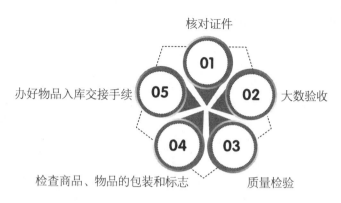

图9-3　验收入库的环节

（一）核对证件

核对证件就是将必要的证件加以整理并核对其内容。供货单位提供的质量证明书、合格证、发货明细表等均应与合同相符。需要核对的证件如下。

① 发货单位提供的入库通知单、订货合同等。

入库通知单是仓库据以接收商品、物品的主要凭证。商品、物品来源复杂，其入库通知单的式样、名称也多种多样，但无论何种入库通知单，均应具备来源、收货仓库、商品或物品名称、品种、数量、规格、单价、实收数、制单时间、收单时间及验毕时间等内容。供货合同是供需双方为执行物资供应协作任务，并承担经济责任而签订的协议书，具有法律效力，因此，仓库应严格按合同接收物资。

② 供货单位提供的质量证明书或合格证、装箱单、磅码单、发货明细表等。

③ 运输单位提供的运单。若入库前在运输途中发生残损情况，还必须有普通记录或商务记录。

（二）大数验收

大数验收是商品、物品入库的一道重要工序。由仓库收货人员与运输人员或运输部门进行商品、物品交接。商品、物品从车站、码头、生产厂家或其他仓库移转，运到仓库时，收货人员要到现场监卸。

1.大数验收方法

大数验收时一般采用逐件点数计总以及集中堆码点数两种方法（图9-4）。

逐件点数计总

靠人工点记费力且易错，可采用简易的计算器，计算累计以得总数

集中堆码点数

对于花色品种单一、包装大小一致、数量大或体积大的商品、物品，适宜用集中堆码点数法，即入库的商品、物品堆成固定的垛形（或置于固定容量的货柜、货架内），排列整齐，每层、每行件数一致。一批商品、物品入库完毕，货位每层（横列）的件数与堆高（纵列）的件数相乘，即得总数。但须注意，码成的货垛，其顶层的件数往往是零头，与其他各层件数不一样，如简单划一统计，就会产生差错

图9-4 大数验收的方法

2.物资重量计算

对于商品、物品以重量计算者，需要过磅或按理论换算的方法求得。过磅是仓库中常用的方法，按理论换算适用于规格、长度一致的部分大五金类商品、物品。商品、物品的重量，一般有毛重、皮重、净重之分。实际上商品、物品大都有包装，这就涉及如何方便、准确扣除皮重的问题。在仓库中一般采用的方法有两种（图9-5）。

平均扣除皮重

按一定的比例将商品、物品的包装板除下来进行过磅，待过磅完毕，从总重量（毛重）内扣除全部皮重（求得的平均皮重乘以商品、物品件数），即得净重

除皮核实

对按件标明重量（包装上标有毛重、皮重、净重）的商品、物品，可先挑选几件以毛重过磅，如称得毛重与包装上所注明的毛重相差不超过合理磅差（公差），则再拆除几件包装核实皮重；如皮重与包装上所注皮重亦不超过合理磅差，就可以证明包装上所标的三种重量是准确的，对其余包装严密和捆扎完好的商品、物品，即可以进行抄码，不再一一过磅。如发现所标重量不准确，则仍应按平均扣除皮重的方法进行过磅

图9-5 物资重量的计算方法

3.数量检验应注意的问题及处理方式

（1）件数不符

在大数点收中，如发生件数与通知单所列不符，数量短少，经复点确认后，应立即在送货单各联上批注清楚，并按实际数量签收。同时，由仓管员与承运人共同签章。经验收核对确认，由仓管员将已查明的短少物料的品名、规格、数量通知承运单

位和供应商，并开出短料报告（表9-2），要求供应商补料。

表9-2　短料报告

To:　　　　　　　　　　　　　　　　　　　产品序列号（S/N）：

From:　　　　　　　　　　　　　　　　　　　　　日期：

物料编码			
供应商		订单号	
来料日期		短料数量	
收料仓员		要求补回数量	
短料原因			
仓储主管核实		质检证明	
处理意见		请供应商在_____前补回短料数	

（2）包装异状

接收物料时，如发现包装有异状，仓管员应会同送货人员开箱、拆包检查，查明残损或细数短少情况，由送货人员出具物料异状记录，或在送货单上注明。同时，应另行堆放，勿与以前接收的同种物料混堆在一起，以待处理。

如果物料包装损坏十分严重，不能修复，应通知供应商派人员协助整理，然后再接收。未正式办理入库手续的物料，要另行堆存。

（3）物料串库

在点收本地入库物料时，如发现货与单不符，有部分物料错送来库的情况（俗称串库），仓管员应将这部分与单不符的物料另行堆放，待应收的物料点收完毕后，交由送货人员带回，并在签收时如数减除。如在验收、堆码时才发现串库物料，仓管员应及时通知送货员办理退货更正手续，不符的物料交送货或运输人员提走。

（4）物料异状损失（指接货时发现物料异状和损失的问题）

设有铁路专用线的仓库，在接收物料时如发现短少、水渍、沾污、损坏等情况，由物控人员直接与交通运输部门交涉。如遇车皮或船舱铅封损坏，经双方会同清查点验确有异状、损失情况的，应向交通运输部门按章索赔。如该批物料在托运之时，供应商另有附言，损失责任不属交通运输部门者，也应请其做好记录，以分清责任，并作为必要时向供应商要求赔偿损失的凭证。

在大数点收的同时，对每件物料的包装和标志都要认真查看。检查包装是否完整、牢固，有无破损、受潮、水渍、油污等异状。物料包装的异状，往往是物料受到损害的一种外在现象。如果发现异状包装，必须单独存放，并打开包装详细检查内部物料有无短缺、破损和变质。逐一查看包装标志，目的在于防止不同物料混入，避免差错，并根据标志指示操作，确保入库储存安全。

（三）质量检验

来料品质检验（IQC）是物品入库前一个重要的关卡。IQC不仅影响企业最终产品的品质，还影响各种直接或间接成本，甚至可以反映管理层面的严谨性、效率与水准。如把不合格品放到制程中，则会导致制程或最终产品的不合格，造成企业更大的损失。如把合格品拒收，则使供应商蒙受损失，同时也影响本企业的生产进度，间接影响本企业的生产成本。

质量验收的方法，目前主要有仪器检验和感官检验两种。

1.仪器检验

仪器检验是利用各种试剂、仪器和机器设备，对商品、物品的规格、成分、技术标准等进行物理、化学和生物的性能分析。

2.感官检验

感官检验是依靠人的感觉器官来对产品的质量进行评价和判断。通常是依靠人的视觉、听觉、触觉和嗅觉等感觉器官进行检查，并判断商品、物品的质量是否合格（图9-6）。

视觉检验	主要是观察商品、物品的外观质量，看外表有无异状，如针织品的变色、油污，竹制品、木制品、毛织品的生虫，金属制品的氧化、生锈，药品水剂的浑浊、沉淀、渗漏、破损等。操作中，还可根据商品、物品的不同特点而采用不同的方法，以提高工作效率
听觉检验	通过轻敲某些商品、物品，细听发声，鉴别其质理有无缺陷。如未开箱的热水瓶，可转动箱体，听其内部有无玻璃碎片撞击之声，从而辨别有无破损
触觉检验	一般直接用手探测包装内商品、物品有无受潮、变质等异状。例如，针织、棉织品是否受潮，有无发脆；胶质品、胶囊剂类有无溶化、发黏
嗅觉、味觉检验	工作人员用嗅觉或味觉鉴别商品、物品有无发生变质或串味等现象。例如，检验香水等有无挥发失香，茶叶、香烟有无异味等

图9-6　四大感官检验

为弥补感官检验的不足，并提高验收效率，仓储人员应根据商品、物品的性能和特点，研究采用不同的验收方法。

（四）检查商品、物品的包装和标志

商品、物品在运输过程中一般都有包装，包装得好坏与干湿，对商品、物品的安全储存、运输有着直接的关系。所以，仓库对商品、物品包装必须严格进行验收。

1.外包装异常的情况

外包装异常，一般有以下几种情况。

① 人为的撬起、挖洞、开缝，通常是被盗的痕迹。

② 水渍、黏湿，是雨淋、渗透或商品、物品本身出现潮解、渗漏的表现。

③ 由于装配不当，引起商品、物品间互相沾污、染毒或本身腐败所致。

④ 由于包装、结构性能不良或在装卸搬运过程中乱拖乱扔、摇晃碰撞而造成的包装破损。

2.检验方法

目前，商品、物品外包装的检验，一般不利用测定仪器。包装的干湿程度，主要是用眼看、手摸等感官检查方法来鉴定。

3.外包装安全含水量要求

包装的干湿程度能反映其含水量多少，而含水量对商品、物品的内在质量、储存安全影响很大。根据实践，部分地区对几种主要包装的安全含水量要求大致如下。

① 木箱：木箱包装的含水量一般不超过21%，装有易锈商品、物品的应不超过18%。

② 纸箱：五层瓦楞纸及纸板衬垫的外包装含水量一般不超过12%，三层瓦楞纸及纸板衬垫的外包装含水量一般不超过10%。

③ 胶合板箱：胶合板箱包装的含水量一般不超过15%。

④ 布包：布包包装的含水量一般不超过9%。

（五）办好物品入库交接手续

入库商品、物品经大数点收和检查两道程序之后，即可与送货人员办理交接手续，由仓库收货人员在"送货单"上签收，从而分清仓库与运输部门之间的责任。

有铁路专用线或水运专用码头的仓库，由铁路或航运部门运输的商品、物品入库时，仓管员从专用线或专用码头上接货，直接与交通运输部门办理交接货手续，具体流程如图9-7所示。

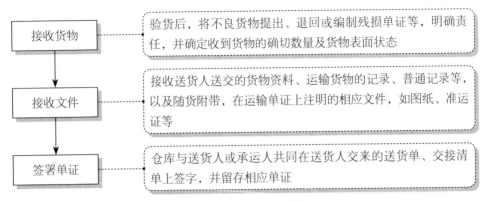

图9-7　入库的交接流程

六、物料入库登记

（一）入库单的填制

商品、物品验收后，由仓管员或验收人员将验收结果写在商品、物品入库凭证上，以便记账、查货和发货。物品入库单是记录入库物品信息的单据，它应记录物品的名称、物品的编号、实际验收数量、进货价格等内容。

仓管员在填写产品入库单时，应该做到内容完整、字迹清晰，并于每日工作结束后，将入库单的存根联进行整理，并予以统一保存（表9-3）。

表9-3　物料入库单

采购合同号：　　　　　　　　件数：　　　　　　　　入库时间：

物料名称	品种	型号	编号	数量			进货单价	金额	结算方式	
				进货量	实点量	量差			合同	现款

采购部经理：　　　　　采购员：　　　　　仓管员：　　　　　核价员：

注：该表一式三联，第一联留作仓库登记实物账；第二联交给采购部门，作为采购员办理付款的依据；第三联交给财务记账。

（二）明细账登记

为了便于对入库物品的管理，正确反映物品的入库、出库及结存情况，并为对账、盘点等作业提供依据，仓库还要建立实物明细账，以记录库存物品的动态（表9-4）。

表9-4　收货台账

时间：

序号	物料编号	物料名称	规格型号	单位	入库数量	入库日期	实收数量	品质等级	采购单号	入库人员	检验员	收货员	储存位置	备注

复核：　　　　　　　　　　　　　　　　　　　　　统计：

第十章
原材料仓库管理

导 读

　　原材料仓库是指保管生产中使用的原材料的仓库。这类仓库一般规模较大，通常设有大型的货场。为防止原材料因交叉污染或特殊原料因环境变动而发生质量变化，保证原材料在保质期内质量稳定，保证原材料的供应达到适时、适地、适量，使产品生产得以顺畅进行，企业需对原材料仓库加强储存、搬运、出库、异动、呆滞料及盘点等方面的管理。

学习目标

　　1.了解日常储存的基本要求，掌握物品堆放管理、通风管理、吸潮管理、密封管理、预防霉变、预防锈蚀的方法、操作要求。

　　2.了解物品的搬运要求，掌握常见的搬运方法。

　　3.了解发料的类别，掌握发料的控制措施及发料问题的处理方法。

　　4.掌握物料调拨、物料的借入与归还、物料的借出与收回、仓库之间物料转移、物料的代用等的管理要求、方法。

　　5.了解呆、废料的类别，掌握呆料的预防与处理、废料的预防与处理的方法、操作要求。

　　6.了解盘点的步骤，掌握各个步骤的操作要求、方法和注意事项。

序号	学习内容	时间安排	期望目标	未达目标的改善
1	日常储存管理			
2	物品搬运管理			
3	物料出库管理			
4	物料异动管理			
5	呆、废料管理			
6	盘点管理			

一、日常储存管理

（一）日常储存基本要求

日常储存需要满足一些基本要求，具体内容如图10-1所示。

储存区域应整洁	对温度、湿度和其他条件敏感的物料，应有明显的识别标记，并单独存放，确保必要的环境
使用适当的储存方法	储存中可能会变质和腐蚀的物料，应按一定的防腐蚀和变质的方法进行清洗、防护、特殊包装和存放
要对库存品进行监控	如定期检验、对在库存品实行先进先出的原则、定期熏蒸消毒等，做好库存品的检验记录。物料入库应验收合格，并注明接收日期，做出适当标记
定期检查库存品状况	禁止非仓管人员进入，物料出库手续应齐全，加强仓库管理。储存物料应有一套清楚完整的账物卡管理制度

图10-1 日常储存基本要求

（二）物品堆放管理

物品堆放有多种不同的方法，具体如表10-1所示。

表10-1　物品堆放方法

序号	方法名称	详细说明
1	五五堆放法	此方法适用于品形较大、外形规则的物品。根据各种物品的特性和开头做到"五五成行，五五成方，五五成串，五五成层"，使物品叠放整齐，便于点数
2	六号定位法	此方法适用于体积较小、用规则容器盛装、产品品种较少的物品。按"库号、仓位号、货架号、层号、订单号、物品编号"六号，对物品进行归类叠放
3	托盘化管理法	此方法是指将物品码放在托盘上、卡板上或托箱中，便于成盘、成板、成箱地叠放和运输，有利于叉车将物品整体移动，提高物品的保管和搬运效率

（三）通风管理

通风就是根据空气自然流动的规律，有目的地使仓库内外空气交流，以达到调节库内空气温、湿度的目的。通风的方式如图10-2所示。

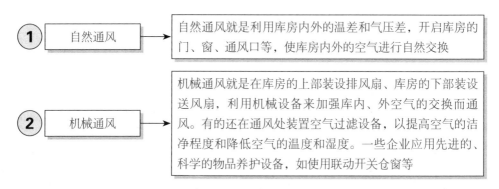

1 自然通风 → 自然通风就是利用库房内外的温差和气压差，开启库房的门、窗、通风口等，使库房内外的空气进行自然交换

2 机械通风 → 机械通风就是在库房的上部装设排风扇、库房的下部装设送风扇，利用机械设备来加强库内、外空气的交换而通风。有的还在通风处装置空气过滤设备，以提高空气的洁净程度和降低空气的温度和湿度。一些企业应用先进的、科学的物品养护设备，如使用联动开关仓窗等

图10-2　通风的方式

（四）吸潮管理

在梅雨季节或阴雨天，当库内湿度过高，不适宜物品保管，而库外湿度也过大，不宜进行通风散潮时，仓储部门可以在密封库内用吸潮的办法降低库内湿度。吸潮的方法如图10-3所示。

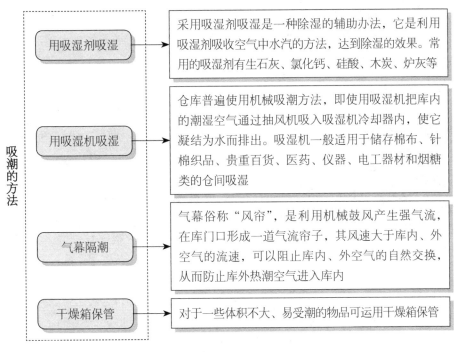

图 10-3 吸潮的方法

（五）密封管理

有些物品因为自身特质，需要密封保存。而密封就是利用绝热性与防潮性较好的物品，把物品尽可能地严密封闭起来，防止和减弱外界温、湿度对物品的影响，以达到安全储存的目的。

（六）预防霉变

物品霉变的预防主要是针对物品霉变的外因（微生物产生的环境条件）而采取相应的技术措施。通常而言，防霉变的具体措施如下。

① 加强每批物品的入库检查。检查有无水渍和霉腐现象，检查物品的自然含水量是否超过储存保管范围，包装是否损坏受潮，内部有无发热现象等。

② 针对不同物品的性质，采取分类储存保管，达到不同物品所需的不同储存保管条件，以防物品霉变。

③ 根据不同季节、不同地区的不同储存保管条件，采取相应的通风降湿措施，使库内温度和湿度达到抑制霉菌生长及繁殖的要求。

④ 选择合理的储存场所。易霉物品应尽量安排在空气流通、光线较强、比较干燥的库房，并应避免与含水量大的物品一起储存。

⑤ 对物品进行密封。

⑥ 做好日常的清洁卫生，以避免仓库里的积尘吸潮，导致菌类寄生繁殖。

⑦ 易霉腐物品在保管期间应勤加检查和加强保护。

（七）预防锈蚀

金属物品和金属制品的防锈方法有很多，有些在生产过程就应予以考虑。在仓储作业中，仓管人员应采用必要的措施，预防锈蚀，具体措施见表10-2。

表10-2　预防锈蚀的方法

序号	方法名称	详细说明
1	加强入库检查	在物品入库时，仓管人员要进行严格检查，并对金属物品表面进行清理，清除水迹、油污、泥灰等脏物。对于已经有锈迹的，要立即除锈
2	合理堆码及苫垫	采用合理的堆垛及苫垫方法，也可以有效地减小金属锈蚀的概率。堆放金属物品时要垫高垛底，并保证垛底的通风及干燥，从而使物品免受地面湿气的影响
3	控制仓库的湿度	相对湿度在60%以下，就可以防止金属制品表面凝结水分、生成电解液层而遭受电化学腐蚀。但由于相对湿度60%以下较难达到，一般库房可以将其控制在65% ~ 70%
4	隔离金属物品	与控制存储环境这种方法相比，将金属物品与环境隔离开的防锈方法，是一种短期的、高成本的方法

二、物品搬运管理

物品搬运通常是物品在仓库内部的移动，以及在仓库与生产设施之间和仓库与运输车辆之间的转移。物品的搬运是仓库日常工作的一个主要部分。

（一）物品搬运要求

1.确保搬运安全

在搬运过程中既不能使人员、设备、物品等发生事故（如人身安全意外、设备损坏、物品丢失等），又要准确及时地完成搬运任务。具体可采取以下措施。

① 在工序间运送或搬动中，对易磕碰的关键部位提供适当的保护（如保护套、防护罩等）。

② 使用与物品特点相适应的容器和运输工具（如托盘、货架、叉车等），加强对

容器和运输工具的维护保养。

③ 对精密、特殊的物品还要防止震动及温度、湿度等环境的影响。

④ 在物品搬运过程中，如需要通过环境受污染的地区时，应进行适当的防护。

⑤ 对易燃、易爆或对人身安全有影响的物品，搬运时应有严格的控制程序。

⑥ 对有防震、防压等特殊要求的物品，搬运中要采取专门的防护措施，并加以明显的识别标记。要注意保护有关标记，防止丢失或被擦掉。

⑦ 保证准确无误地将物品送到指定的加工、检验点或仓库。

⑧ 对搬运人员要培训，使其能掌握必要的作业规程和要求。

2. 确保搬运有效

搬运结果对于物品的使用或存放应该是有效的。

① 搬运结果要到位，最好是一次到位，做好做彻底，避免再次搬运。

② 摆放方式要符合物品特性，比如：物品的放置体位、方向等，不需要再返工。

③ 放置环境要适合，要尽可能减少暂时存放的机会。

④ 杜绝或减少搬运的损失，包括丢失、打破、变形等因素导致的各种损失。

⑤ 降低搬运成本，选择使用合理的搬运方式。可以选择机械化、自动化、人工等多种搬运方式，但前提是用最低的综合投入实现最大的搬运量。

（二）常见搬运方法

搬运方法是为实现搬运目标而采取的搬运作业手法，它将直接影响到搬运作业的质量、效果、安全和效率。常见搬运方法如表10-3所述。

表10-3 常见搬运方法

序号	划分依据	详细说明
1	按作业对象划分	（1）单件作业法，即逐个、逐件地进行搬运和装卸。主要是针对庞大、笨重的物品 （2）集装单元作业法，即像集装箱一样实施搬运 （3）散装作业法，就是对无包装的散料，如水泥、沙石、钢筋等直接进行装卸和搬运
2	按作业手段划分	（1）人工作业法，即指主要靠人力进行作业，但也包括使用简单的器具和工具，如扁担、绳索等 （2）机械作业法，即借助机械设备来完成物品的搬运。这里的机械设备不仅仅指简单的器具，还应包括性能比较优越的器具，如装卸机等

续表

序号	划分依据	详细说明
3	按作业原理划分	（1）滑动法，就是利用物品的自重力而产生的下滑移动，比如滑桥、滑槽、滑管等 （2）牵引力法，即利用外部牵引力的驱动作用使物品产生移动，如拖拉车、吊车等 （3）气压输送法，即利用正负空气压强产生的作用力吸送或压送粉状物品，如负压传输管道等

三、物料出库管理

物料出库主要是指仓储部门发放物料的行为。

（一）发料的类别

1. 限额发料

限额发料也称定额发料，是由企业生产部门根据生产计划和物料消耗定额，事先为各车间的产品规定领用物料的数额，仓库应在规定的数额内对车间、部门发料。实行限额发料必须做好如图10-4所示的几方面工作。

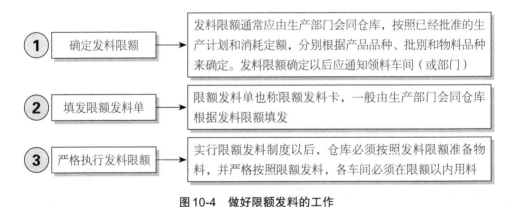

①	确定发料限额	发料限额通常应由生产部门会同仓库，按照已经批准的生产计划和消耗定额，分别根据产品品种、批别和物料品种来确定。发料限额确定以后应通知领料车间（或部门）
②	填发限额发料单	限额发料单也称限额发料卡，一般由生产部门会同仓库根据发料限额填发
③	严格执行发料限额	实行限额发料制度以后，仓库必须按照发料限额准备物料，并严格按照限额发料，各车间必须在限额以内用料

图10-4　做好限额发料的工作

2. 非限额发料

非限额发料主要适用于临时需用以及无法确定限额的物料。实行非限额发料必须掌握以下要点。

①　在发料时应由领料车间（部门）填具领料单，领料单至少一式三联，其中一联在仓库发料后退回领料部门，一联留仓库，据以登记物料明细账，另一联送交财务

部门，作为核算的依据。

② 非限额发料具有较大的随意性，因此必须进行严格控制，防止物料滥发。

③ 仓储部门等管理人员应定期或不定期检查发料情况，确保所有物料准确发放。

（二）发料的控制

发料的控制措施如图10-5所示。

图10-5　发料的控制措施

1.提前备料

备料是指仓库根据生产部门的生产要求准备相关物料的过程，仓储部门应与物料使用部门事先做好沟通，以便提前备料，方便发料工作顺利进行。

2.先进先出

先进先出是指仓库发同类物料时，应先发先到库的物料，目的是为了防止物料因存放时间过长而变质、损坏，以确保物料品质和利用率。

3.小料优先

产品生产时裁下的边角余料（在皮具业、家具业、制衣业很常见），有些还可以在其他产品的生产中使用的，应先发。

4.综合发料

综合发料便于用料部门进行物料的综合利用，提高物料的利用率。综合发料有以下几种。

① 不同产品在使用相同物料的时候，将该物料同时发放。

② 同一订单有若干使用同种物料的产品时，该订单的物料同时发放。

③ 不同规格的物料综合发放，以便用料部门用到不同的零部件上。

④ 不同等级的物料综合发放，以便用料部门根据产品的特点，将不同等级的物料用在产品的不同部位。

5.环节必须最少

物料发放的环节越多，就越容易造成物料的损坏和缺失，因此，仓储部门应将发放环节降到最少，这包括：

① 减少搬动次数；

② 减少参与移交人员的数量；

③ 减少物料移动或转放的地点、位置、车辆、容器；

④ 减小物料移动幅度；

⑤ 减少转运；

⑥ 缩短物料运输路线。

（三）退料补货管理

退料补货是指需用部门领用的物料，在使用时遇到物料质量异常、用料变更或盈余时，而将已办理发放手续的物料退回给仓库的业务活动。

通常物料退回给仓库的对象包括下列几项。

① 规格不符的物料。

② 超发的物料。

③ 不良的物料。

④ 呆料。

⑤ 报废物料。

退料补货往往要涉及几个部门，如仓库须负责退料的清点与入库，品质部负责退料的品质检验，生产部负责物料退货与补料等，所以企业应该制定物料退料补货的控制程序并加以规范。

（四）发料问题处理

在发料过程中，经常出现无单领料、凭证问题、包装损坏等异常问题的出现，仓管人员都需要进行合理处理，具体如表10-4所示。

表10-4　发料问题处理

序号	问题名称	具体内容
1	无单领料处理	无单领料是指没有正式领料凭证而要求领料，如以"白条"和电话领料，遇到这种情况，仓管人员不能发料
2	凭证问题处理	发料前验单时，若发现领料凭证有问题，如抬头、印鉴不符，有涂改痕迹，超过了领料有效期，应立即与需用部门联系，并向上级主管反映

序号	问题名称	具体内容
3	包装损坏处理	对物品外包装有破损、脱钉、松绳的，应整修加固，以保证搬运途中的安全。若发现包装内的物品有霉烂、变质等质量问题，要及时处理，不得以次充好
4	料未发完处理	物品发放，原则上是按提料单当天一次发完，如确有困难，不能当日提取完毕，应办理分批提取手续

四、物料异动管理

物料异动是指物料除了正常的领用、发出之外，还有调拨、借入、归还等移动。

（一）物料调拨

物料调拨是指将一部分物料缴库后再发放到其他部门的作业。不同类型的物料有不同的调拨方法，具体如表10-5所示。

表10-5　物料调拨

序号	类型	具体内容
1	废料调拨	某一部门的废料，对于另一部门来说，可能是有用的物料。对于这类物料的调拨比较容易操作，从某种意义上说等于帮助这一部门进行了现场清理
2	残料调拨	在加工过程中因加工失误导致出现质量问题而不能再用的零部件或物料，要按照有关品质管理规定进行处理后才能调拨
3	呆料调拨	某一部门长期闲置的物料，调到其他部门去使用等于是呆料盘活，这对双方、对企业都有利
4	暂时不使用的物料调拨	属于某部门的有用物料，只是最近一段时间内不使用，可视订单的交货时间、紧急程度和物料采购情况而定
5	正在使用的物料调拨	根据两个同样需要该种物料生产部门的订单重要程度、交货期远近、生产进度、生产速度来决定

（二）物料的借入与归还

因物料无法如期供应时，仓管人员可以通知采购人员与相关友厂洽谈，借用部分物料。其作业程序如下。

① 由采购人员提出借用申请，说明借用理由、库存状况、借用数量、最近交货日期及拟归还日期，呈总经理核准后，拟具借据一份，经权责人员审核后，加盖企业业务章，向该厂商借料。

② 借据一般应复印四份，一份由采购人员自留以督促还料，一份交仓库作为收料依据，一份交物控了解物料状况，一份送财务部。

③ 借用的物料进厂时，由仓管人员依借据所列物料名称、规格、数量，填制"进料验收单"，并于备注栏内注明"借入物料"，依进料检验流程办理收料。

④ 借入物料不记入仓库账册。

⑤ 借入物料的归还，由采购人员提出申请，附上借据副本，经总经理核准后，送仓库核对品名、规格、数量无误后，备料归还。

（三）物料的借出与收回

物料的借出与收回作业流程如下。

① 友厂向企业借用物料时，必须经过企业生产部及总经理核准后才可借出。

② 借用厂商须出具借据，加盖其企业印章，并经企业总经理核签后方可向仓库借用物料。

③ 仓库应将借据原件保留，并复印三份，分别交物控、采购及财务部，并在"物料管制卡"备注栏上注明"借出"字样。

④ 借用厂商归还借出的物料时，由仓管人员填写"进料验收单"，并备注"借出物料收回"，交品质部按进料流程验收。

⑤ 如检验不合格，仓管人员应立即会同物控或采购人员洽请借用厂商处理。

⑥ 如检验合格且全数归还的，仓库应将借据归还借用厂商。

（四）仓库之间物料转移

企业内分属不同账目的两个仓库之间，就某种物料由一个仓库转移至另一个仓库，此种调拨方式，由收料仓库出具"内部物料调拨单"（表10-6），注明调拨物料编号、名称、规格、数量，经权责人员核准后进行调拨。

表10-6　内部物料调拨单

单据日期：　　　　　　　　　　　　　　　　单据编号：

调出仓库：　　　　　　　　　　　　　　　　调入仓库：

序号	物料编号	物料名称	规格	单位	数量	调入单价	调出成本价	金额
							合计	
备注								

部门：　　　　　　调拨人：　　　　　　制单人：　　　　　　审核人：

（五）物料代用

物料代用是用现有的其他物料，代替所缺少的物料，以实现物料的配套供应。物料代用不能背离企业的品牌战略、成本政策、生产技术能力。物料代用可能是临时的，但通过代用也可以有机会发现更好的物料。

物料代用一般由用料部门提出申请，填写"代用物料（申请）单"（表10-7），经相关管理人员批准后，仓库予以提供。

表10-7 材料代用（申请）单

编号：

生产令号			产品名称			产品编号			
内容 序号	零（部）件名称	零（部）件图号	原设计材料			申请代用材料			代用原因
			标准	牌号	规格	标准	牌号	规格	
1									
2									
代用意见	申请部门			签名与日期			原设计单位意见：		
	设计责任工程师			签名与日期					
	工艺责任工程师			签名与日期					
	焊接责任工程师			签名与日期					
	热处理责任工程师			签名与日期					
	材料责任工程师			签名与日期					
	检验试验责任工程师			签名与日期			签字： 日期： 盖章：		
	质保工程师			签名与日期					
说明	1.此表一式四份，申请单位一份存底，材料责任工程师一份存档，生产工段一份领料，仓库一份发料 2.主要受压元件材料代用需经设计单位同意，质保工程师批准 3.如因代用需设计、工艺变更，应注明变更单号								

五、呆、废料管理

呆、废料的存在，会占用一定的库存和成本，影响生产计划的执行，所以仓储部必须分析呆、废料产生的原因并进行预防和处理，以保证生产的顺利进行。

（一）呆、废料的类别

1.呆料

呆料即物料存量过多，耗用量极少，而库存周转率极低的物料，这种物料只是偶尔耗用甚至有些根本不再动用。但是呆料是100%可用的物料，没有丧失物料原来的特性和功能，只是呆置在仓库中很少动用。

2.废料

废料是指报废的物料，即经过使用后本身已残破不堪、磨损过甚或已超过其寿命年限，以致失去原有的功能而无利用价值的物料。

3.其他物料

① 旧料，是指物料经使用或储存过久，已失去原有性能或色泽，致使物料的价值降低。

② 残料，是指在加工过程中所产生的物料零头，已丧失其主要功能，但仍可设法利用。

（二）呆料的预防与处理

1.呆料的预防

呆料预防重于处理，呆料的产生原因来自不同的部门，所以需要不同的部门共同努力来进行相应的防范，如表10-8所示。

表10-8　呆料的预防措施

序号	部门	预防措施
1	销售部门	（1）加强销售计划的稳定性，对销售计划的变更要加以规划；切忌使销售计划变更频繁，使购进的物料变成仓库中的呆料 （2）客户的订货应确实把握，尤其是特殊订货不宜让客户随意取消；否则物料准备下去，容易造成呆料 （3）消除客户百分之百的优先主义，客户预订的产品型号或规格应减少变更，尤其是特殊型号和规格的产品更应设法降低客户变更的机会；否则会造成很多呆料 （4）销售人员接受的订货内容应确实把握，并把正确而完整的订货内容传送至计划部门
2	设计部门	（1）加强设计人员的能力，减少设计错误的机会，不至于因设计错误而产生大量呆料 （2）设计力求完整，设计完成后先经过完整的试验，才能大批订购物料 （3）设计时要尽量使零件、包装材料等标准化。这样就可尽量避免零件与包装材料种类过多而使呆料增加

续表

序号	部门	预防措施
3	计划与生产部门	（1）加强产销的协调，增加生产计划的稳定性，对紧急订单进行妥善处理，如此可减少呆料的产生 （2）生产计划的拟订应合乎现状。若生产计划错误而造成备料错误，自会产生呆料 （3）若生产线加强发料、退料的管理，则生产线上的呆料自然会减少 （4）新旧产品更替，生产计划应十分周密，以防止旧物料变成呆料
4	仓储部门	（1）物料计划应加强，消灭物料计划失常的现象 （2）对存量加以控制，勿使存量过多，以减少呆料产生 （3）强化仓储管理，加强账物的一致性
5	采购部门	（1）减少物料的不当请购、订购 （2）加强辅导供应商，呆料现象自可降低
6	验收管理部门	（1）物料验收时，避免混入不合格物料，强化进料检验并彻底执行 （2）加强检验仪器的精良化，减少物料"鱼目混珠"的机会，消灭不良物料入库的机会

2.呆料的处理

处理呆料主要有以下几种方法，如图10-6所示。

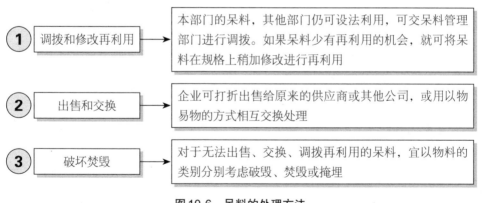

图10-6　呆料的处理方法

（三）废料的预防与处理

1.废料的申报

对于储存的废料，仓管员首先要填写仓库物料报废申请（表10-9），得到相关部门的批示报告后再进行进一步的处理。

表10-9　仓库物料报废申请

申请部门：　　　　　　　　　　　　　　　　　　　　　申请日期：

序号	存货编码	存货名称	规格型号	单位	数量	报废原因	品管鉴定
品管部意见		工程部意见		厂长意见		总经理意见	
处理接收部门			处理方式				

2.分析废料的产生原因

分析废料的产生原因，如表10-10所示。

表10-10　分析废料的产生原因

序号	原因	说明
1	陈腐	物料长久未加以动用，陈腐不堪而失去使用价值
2	锈蚀	机械设备耐用年数一过，无论怎样保养，终究无法使用，报废拆解后自然形成废料
3	边角料	在物品的使用过程中，产生大量物料零头，且已经丧失了主要功能
4	拆解产品	不良产品的拆解，必然会产生不少已使用过的零件、包装材料

3.废料的预防

根据废料产生的原因，可以采取以下预防对策。

① 提高对物料的使用效率，尽量少产生边角料。

② 加强对仓库物品的养护工作，防止物品的霉腐、锈蚀等现象发生。

③ 建立先进先出的物料收发制度，以免堆积过久而成为报废的物料。

④ 注意仓库环境的清洁，预防虫咬现象的发生，减少物料的毁损。

4.废料的处理

在规模较小的企业，废料积累到一定程度时宜出售处理。对于规模较大的企业，可将废料集中一处进行解体，将解体后的物料分类处理。

① 移作他用。废料解体后，有些可移作他用的物料，如机械零件、电子零件等。

② 残料利用。废料解体后，其中仍有残料，如钢片、钢条等可做残料利用。

③ 废料解体后，要将剩余废料进行分类，如钢料、铝、铅、铜、塑胶等适当分类，可以回炉加工或作价出售。

④ 处理好后，同时做好档案资料，以备日后查询。

六、盘点管理

盘点是仓库的一项重要工作，只有通过定期的盘点，才能确知仓库中所储存物品的具体数目和质量。

（一）开展盘点培训工作

每当定期盘点时，可能需要抽调人手增援。对于从各部门抽调来的人手，仓储部必须加以组织分配，并进行短期的培训，使其掌握盘点的知识和方法等。

（二）初盘

① 指定时间停止仓库物品进出。

② 各初盘小组在负责人的带领下进入盘点区域，至少每两人一组，在仓管人员引导下进行各项物品的清点工作。

③ 初盘人员在清点物品后，填写盘点卡，做到一物一卡。

④ 盘点卡一式三联，一联贴于物品上，另两联转交复盘人员。

⑤ 初盘负责人组织专人根据盘点卡资料，填写盘点清册，将物品盘点卡资料填入。盘点清册一式三联，一联存被盘仓库，另两联交复盘人员。

（三）复盘

① 初盘结束后，复盘人员在各负责人的带领下进入盘点区域，在仓管人员及初盘人员的引导下进行物品复盘工作。

② 复盘可采用100%复盘，也可采用抽盘，由企业盘点领导小组确定，但复盘比例不可低于30%。

③ 复盘人员根据实际状况，可采用由账至物或由物至账的抽盘作业。由账至物，即在盘点清册上随意抽出若干项目，逐一至现场核对，检查盘点清册、盘点卡与实物三者是否一致。由物至账，即在现场随意指定一种物品，再由此对盘点清册、盘点卡进行核对，检查三者是否相符。

④ 复盘人员对核对无误的项目，在盘点卡与盘点清册上签字确认；对核对有误

的项目，应会同初盘人员、仓管人员修改盘点卡、盘点清册中所载的数量，并签字负责。

⑤ 复盘人员将两联盘点卡及两联盘点清册一并上交财务部。

（四）确认盘点差异

盘点所得资料与账目核对结果，如发现账物不符的现象，仓储部门应追查原因，可从以下事项着手进行。

① 账物不符是否属实，是否有因料账处理制度存在缺陷，而造成料账无法确实表达物品数目的事情。

② 盘盈、盘亏是否由于料账员素质过低、记账错误或进料、发料的原始单据丢失造成料账不足。

③ 是否因盘点人员不慎多盘或将分置数处的物品未用心盘，或盘点人员事先培训工作不到位而造成错误的现象。

④ 盘点与料账的差异在允许范围之内。

⑤ 找出盘盈、盘亏的原因，看今后是否可以事先设法预防或能否缓和账物差异的程度。

（五）盘点差异处理工作

盘点后企业应对出现差异的原因进行分析，并做出相应处理，具体措施如下。

① 依据管理绩效，对分管人员进行奖惩。

② 料账、物品管制卡的账面纠正。

③ 不足料迅速办理订购。

④ 呆料、废料迅速处理。

⑤ 加强整理、整顿、清扫、清洁工作。

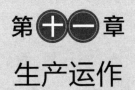

第十一章
生产运作

导 读

　　供应链是围绕核心企业，通过对信息流、物流、资金流的控制，再通过采购原材料制成中间产品及最终产品，最后通过销售网络把产品送到消费者手中。供应链环境下生产管理的目标是：在需要的时候，以适宜的价格向顾客提供适当质量的产品和服务。

学习目标

　　1.了解生产管理的要求。

　　2.了解生产计划任务及用途、生产计划的三大种类，掌握好的生产计划基础条件。

　　3.掌握领料、生产退料补货、物料超领控制、物料去向的操作措施、要领及注意事项。

　　4.掌握投入进度控制和出产进度控制的方法、操作要领。

　　5.掌握生产质量控制的方法——"三不原则"的基本做法和实施要点。

学习指引

序号	学习内容	时间安排	期望目标	未达目标的改善
1	生产管理的要求			
2	制订生产计划			
3	把握物料状况			
4	生产进度控制			
5	生产质量控制			
6	成品及时入库			

一、生产管理的要求

（一）合理制订生产计划

这里所说的生产计划主要是指月计划、周计划和日计划。原则上，生产部门要以营销部门的销售计划为基准来确定自己的生产计划，否则在实行时就很可能会出现产销脱节的问题——要么是生产出来的产品不能出货，要么是能出货的产品却没有生产，不管是哪一种情形，都会给企业带来浪费。当然，由于市场本身瞬息万变，所以营销部门有时也无法确定未来一段时期内的销售计划。这时，生产部门就要根据以往的出货及当前的库存情况去安排计划。最后还要记住，生产计划做出来后一定要传达给采购部门以及营销部门。

（二）把握材料的供给情况

虽然说材料的供给是采购部门的职责，但生产部门有必要随时把握生产所需的各种原材料的库存数量，目的是在材料发生短缺前能及时调整生产并通报营销部门，以便最大限度地减少材料不足所带来的损失。

（三）把握生产进度

为了完成事先制订的生产计划，生产管理者必须不断地确认生产的实际进度。起码要每天一次将生产实绩与计划做比较，以便及时发现差距并采取有效的补救措施。

（四）把握产品的品质状况

衡量产品品质的指标一般有两个：过程不良率及出货检查不良率。把握品质不仅仅要求生产管理者去了解关于不良的数据，而且要对品质问题进行持续有效的改善和追踪。

（五）按计划出货

按照营销部门的出货计划安排出货，如果库存不足，应提前与营销部门联系以确定解决方法。

二、制订生产计划

生产计划是根据需求预测和优化决策，对企业的产出品种、产出质量、产出速度、产出时间、劳动力和设备的配置以及库存水平等问题所预先进行的考虑和安排，将企业的生产任务与各生产要素进行反复的综合平衡，从时间和空间上对生产任务做出总体安排，并进一步对生产任务进行层层分解，落实到车间、班组，以保证计划任务的实现。

简单地说，生产计划就是"什么时候在哪个单位，由谁做什么，做多少"的作业计划。其实质：

① 为满足客户要求的三要素"交货期、品质、成本"而计划；

② 使企业获得适当利益，而对生产的三要素"材料、人员、机器设备"进行准备、分配及使用的计划。

（一）生产计划的任务及用途

1.生产计划的任务

① 要保证交货日期与生产量。

② 使企业维持同其生产能力相称的工作量（即负荷及适当开工率）。

③ 作为物料采购的基准依据。

④ 将重要的产品或物料的库存量维持在适当水准。

⑤ 对长期性的增产计划、作业人员及机械设备补充的安排。

2.生产计划的用途

① 物料需求计划的依据。

② 产能需求计划的依据。

③ 其他相关计划的制订依据，包括途程计划、外协计划、人员计划等。

（二）生产计划的三大种类

生产计划依期间不同分为大日程计划（长期计划）、中日程计划（中期计划）、小日程计划（短期计划）（图11-1）。

图11-1　生产计划的分类

因生产类型的不同，各计划的重点也有一定的差别。

1.大日程计划（长期计划）

大日程计划通常是一年或更长期的生产预定计划，预定每月生产的品种与生产量的计划。虽因销售的变更、调整，多少会有不正确的地方，但原则上还是要由经营者或高层主管制订。

2.中日程计划（中期计划）

中日程计划通常是月份或 3 ~ 6 个月的计划，决定月份生产产品的种类、数量。在中日程计划里生产数量及交货日期已确定，同时开工日期、物料需求也基本确定。中日程计划原则上由生管部门主管制订。

3.小日程计划（短期计划）

小日程计划是依据中日程计划来展开的，是将具体生产任务分配给作业场所、作业者，并规定开工与完工日期的计划。计划中应明确谁做、做多少的量、何时开始、何时完成，使用什么机械。

小日程计划的执行主体是基层作业单位／作业者，原则上由制造单位主管制订。

（三）好的生产计划基础条件

生产活动必须有计划、有效运用企业相关的部门、人员及资源，否则不可能顺畅，而生产活动的龙头是生产计划，可以说生产活动从计划开始。

1.基础条件

制订一项好的计划，首先要做到5W1H。

① 何时（When）：时间（时期）——何时开始，何时结束。

② 何地（Where）：空间（场所、位置）——在哪里生产、作业。

③ 何人（Who）：生产主体——要求何人（机）去做。

④ 何物（What）：生产对象（材料、产品）——需要什么、生产什么。

⑤ 为何（Why）：生产目标——为何要这样做。

⑥ 如何做（How）：生产、作业方法——如何才能做好。

2.有计划性生产

无论何种生产型态，首先都要重视计划，实施有计划地生产，无计划性意味着无序，无序的结果便是无效率，最终是无效益。当然，有了计划，并不是说它就一成不变、不能变，企业的生产管理，变更计划是不可避免的，实际工作中不要怕变更，因为现实中存在变更才显得计划的重要。

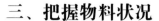

三、把握物料状况

（一）领料

1.生产物料领取方式

（1）发料

发料是由物料管理部门或仓储部门根据生产计划，将仓库储存的物料，直接向生产现场发放。一般对于直接需求的物料采取发料方式。采取该种方式须具备以下条件（图11-2）。

条件一　**有稳定的生产计划**

> 生产计划的稳定与否影响计划部门与货仓部门的配合，而计划部门与货仓部门配合是否良好又影响到物料发放的顺序
> 一般来说，计划部门在2～3天前就要指派货仓备料，而货仓在现场制造前2～4小时内必须向制造现场直接发料

条件二　**建立了标准损耗量**

> 货仓发了50组配套材料，生产现场可能制造不出50件成品，因为在生产过程中会产生不良品、制造损耗的现象。那么，货仓到底应发多少材料呢？这就要看标准损耗量了

图11-2　发料的条件

（2）领料

领料是生产现场人员在某项产品制造之前填写领料单向仓库单位领取物料，这主要适用于间接需求的物料。但仍有些企业的直接需求材料也会采取领料方式，这基于以下原因。

① ABC物料中C类物料偏多，公司政策不加以严格控制。

② 生产计划常变更或物料计划做得不好，进料常延迟或过分紧急，致使很难采取主动掌握的发料方式，而采取领料方式。

2.申领手续要齐全

在生产现场中，通常有以下几种申领行为发生。

① 生产材料（主料、副料）申领。

② 作业工具（设备、仪器、夹具、检具、防护用具）申领。

③ 办公用具（一般事务用、专门事务用）申领。

④ 金钱（购买垫付、出差津贴）申领。

以上几种申领对象的管理者都是间接部门，申领手续都不简单。例如：生产现场为了领取某种材料，先要填写一张"物料申领表"（表11-1），呈送到上司处盖章确认，然后送到仓库，并在仓库的"材料管理表"上签名留底，最后才能得到想要的材料。

表 11-1　物料申请表

申领部门			申领日期		
申请人			批准人		
序号	型号	名称	数量	申领用途	备注

尽管领用手续不能忽略，但可以简化，具体方法如下所述。

（1）明确领用、批准途径及责任人

企业在建立领用途径时，需要明确以下几点。

① 需要申领的对象。

② 申领步骤及需要填写的表格。

③ 不同职务的权限范围，主要是指可审批的对象及数量（金额）。

④ 审批的时限。

⑤ 领取方法。

⑥ 申领者及管理责任者各自数量的管理方法。

（2）正确填写申领表格，报请上司批准

使用部门或人员领用物料时应将领用表格填写清楚、明白，而批准者只要见到"申领表"手续齐全，就立即给予办理。"物料申请表"需要存档一段时期，以便在日后确认和平衡数据使用。

（二）生产退料补货

生产线上如果发现有与产品规格不符的物料、超发的物料、不良的物料和呆料，应进行有效的控制，进行退料补货，以满足生产的需要。

退料补货往往要涉及几个部门的工作，如仓储部须负责退料的清点与入库，品管部负责退料的品质检验，生产部负责物料退货与补料等，所以有必要制定一份物料退料补货的控制程序。补料单见表11-2。

表11-2 补料单

制造单号： 产品名称： No.

生产批量： 生产车间：□材料 □半成品 日期：

物料编号	品名	规格	单位	单机用量	标准损耗	实际损耗	损耗原因	补发数量	备注

生产领料员： 仓管员： PMC：

（三）物料超领控制

当"领用单"上所核定数量的物料领用完毕后，制造部门无论何种原因需追加领用物料时，必须由制造部相关人员填具"物料超领单"（表11-3）方可领料，要注明超领物料所用的制造命令号码、批量、超领物料编号、名称、规格及超领数量、超领率，并详细阐明超领原因。

表11-3 物料超领单

领用部门： 日期：

制造命令号：			批量：		
超领物料编号	名称	规格	超领数量	超领原因	超领率

仓管员： 领料员：

注：本单一式四联，一联生产部自存，一联交仓库，一联送生产部物控员，一联交财务部。

1.超领原因分析

① 原不良品补料（即上线生产时发现物料不良，需追补）。

② 作业不良超领（因生产作业原因造成物料不良，需超领）。

③ 下道工序超领（因下道工序超领物料，需本工序追加生产数量，导致需追加领料）。

④ 其他突发原因。

2.超领权限规定

① 确定可领用数量。其中单位产品用量及损耗率依"产品用料明细表"确定。

$$可领用数量＝制造命令批量 \times 每单位产品用量 \times （1＋损耗率）$$

② 超领率低于1%时，由车间主管审核后，可领用物料。

③ 超领率大于1%小于3%时，由车间主管审核后，再转生产管理部物控人员审核，审核通过后方可领用物料。

④ 超领率大于3%时，除上述人员审核外，还需经生产副总经理审核，方可领用物料。

（四）物料去向要清楚

即使从前道工序收货时都详细核对过数量，出货也是按计划不多不少，但是材料实际剩余的数目与账目显示总是对不上，总是有差异，而且通常是实际要比记录的少，原因何在呢？这是因为材料在使用途中被悄悄地分流了，而这些分流又没有及时记录在案，事后也没有对账目进行平衡，所以形成了差异。

1.物料分流情形

物料分流情形如表11-4所示。

表11-4　物料分流情形

序号	情形类别	具体说明
1	不良品修理	如修理人员从工序内取走用于不良品替换的材料未记录；不良品已从生产现场清退给前工序，但未及时记录
2	不良解析、样品设定	有的技术人员为了解析不良，从工序内直接取走材料，没有及时记录下来；有的质管人员为了设定样品，从工序内直接取走材料，没有及时记录下来
3	作业途中遗失	作业人员在搬运、组装的过程中不小心将材料跌落，没有捡回
4	使用地点转移	如生产结束后，剩余的材料退回到前工序或转移到其他部门使用，没有及时记录
5	设备、仪器调整时精度验证	如印刷设备，为了定位、定色就得耗费一定数量的材料进行调整。如果预先没有设置调机材料，那么一定会导致产出不足的局面。有的主管为了逃避责任，往往把作业不良而造成的材料损失，转嫁到设备调整的项目上
6	其他原因	如发生地震、火灾、盗窃事件等不可抗拒外力所造成的损毁

2.应对策略

① 非正常生产所需的材料，尽量从仓库取材料，而不是从生产现场领取。

② 做成"材料去向一览表"（表11-5），实施现场分流追踪。

表11-5 材料去向一览表

日期： 年 月 日

序号	日期	编号	品名	数量	用途	领用人	备注

说明：

（1）该表每月月底统计一次，核销差异数目

（2）使用者必须向材料管理者口头声明，由管理者记录

（3）若材料无法归还，使用者要亲笔签名留底

（4）每次超出10个以上者，需有主管盖章

确认： 记录：

③ 当日不良品清理。

④ 及时记录和消去不同制造部门之间转用材料的数目。

⑤ 制定相应奖惩制度，防止人为遗失、损毁材料。

⑥ 材料采购时，预留合理损耗量。

四、生产进度控制

为保证按期交货和生产计划的实施，生产作业必须按程序计划和日程计划所规定的路线及日程进行。但是由于种种原因，作业往往不能按计划进行。因此，企业必须通过进度控制和管理，不断了解作业进行的情况，并不断进行作业调整，使实际作业情况与计划要求保持平衡或最小差距。

（一）投入进度控制

投入进度控制是指对产品开始投入的日期、数量、品种进行控制，以便符合计划要求。它还包括检查各个生产环节、各种原材料、毛坯、零部件是否按提前期标准投

入，设备、人力、技术措施等项目的投入生产是否符合计划日期。

1.大量大批生产投入进度控制

管理者可根据投产指令、投料单、投料进度表、投产日报表等进行控制，或用表11-6所示的投入出产日历进度表（轮班计划表）中的实际投入与计划投入进行比较来控制。

表11-6　投入出产日历进度表　　　　单位：件

零件编号	进度	日期	1		2		3		4		5		6	
			当日	累计	当日	累计	当日	累计	当日	累计	当日	累计	当日	累计
AP10-5	计划	投入	30	30	30	60	30	90	30	120	20	150	…	…
		出产	28	28	28	56	28	84	28	112	28	140	…	…
	实际	投入	30	30	30	60	30	90	30	120	30	150	…	…
		出产	28	28	28	56	28	84	27	111	29	140	…	…

2.成批和单件生产投入进度控制

成批和单件生产投入进度控制比大量大批生产投入进度控制复杂。

① 控制投入的品种、批量和成套性。

② 控制投入提前期，利用投产计划表、配套计划表、加工线路单、工作命令及任务分配箱来控制投入任务。

（二）出产进度控制

出产进度控制是指对产品的出产日期、出产提前期、出产量、出产均衡性和成套性的控制。

出产进度的控制方法，通常是把计划出产进度与实际出产进度同列在一张表上进行比较来控制。而不同的生产类型各有不同的控制方法。

1.大量生产出产进度控制

它主要用生产日报与出产日历进度计划表进行比较，来控制每日出产进度、累计出产进度和一定时间内生产均衡程度。

在大量生产条件下，投入和出产的控制密切相连，计划与实际、投入与出产均反映在同一张投入出产日历进度表上，它既是计划表，又是企业核算表和投入出产进度控制表。对生产均衡程度的控制，主要利用节拍、月均衡率和旬均衡率。

2.成批生产出产进度控制

管理者根据零部件滚动标准生产计划、出产提前期、零部件日历进度表、零部件成套进度表和成批出产日历装配进度表等来进行控制。

（1）出产日期和出产提前期控制

对零部件成批出产日期和出产提前期的控制，管理者可直接利用月度生产作业计划进度表，只要在月度生产作业计划进度表的"实际"栏中逐日填写完成的数量，就可以清楚地看出实际产量与计划产量及计划进度的比较情况，如果计划进度采用甘特图形式，即可直接在计划任务线下画出实际完成线。

（2）出产成套性控制

在成批生产条件下，管理者对零部件出产成套性的控制，可直接利用月度生产作业计划，不但要对零部件的出产日期和出产提前期进行控制，还应对零部件的成套性进行控制，才能保证按期投入装配。

　　通常采用编制零部件成套进度表来控制零部件的成套性。对成品装配出产进度的控制，可利用成批出产日历装配进度表进行控制。

3.单件小批生产出产进度控制

这主要是根据各项订货合同所规定的交货期进行控制，通常是直接利用作业计划图表，只要在计划进度线下用不同颜色画上实际的进度线即可。

五、生产质量控制

生产环节的质量控制从制造开始，即严格地执行"三不原则"：不接受不合格品、不制造不合格品、不流出不合格品。

（一）"三不原则"基本做法

1.不接受不合格品

员工在生产加工之前，先对前道工序传递的产品按规定检查其是否合格，一旦发现问题则有权拒绝接收，并及时反馈到前道工序。前道工序人员需要马上停止加工，追查原因，采取措施，使品质问题得以及时发现、及时纠正，并避免不合格品的继续加工所造成的浪费。

2.不制造不合格品

接受前道工序的合格品后，在本岗位加工时严格执行作业规范，确保产品的加工品质。对作业前的检查、确认等准备工作做得充分到位；对作业中的过程状况随时留意，避免或及早发现异常的发生，减少产生不合格品的概率。

> 准备充分并在过程中得到确认是不制造不合格品的关键。只有不产生不良品，才能使得不流出和不接收不良品变为可能。

3.不流出不合格品

员工完成本工序加工，需检查确认产品质量，一旦发现不良品，必须及时停机，将不良品在本工序截下，在本工序内完成不良品处置并采取防止措施。本道工序保证传递的是合格产品，否则会被下道"客户"拒收。

（二）"三不原则"实施要点

"三不原则"是生产现场品质保证的一个运行体系，在实施过程中需注意的要点，如图11-3所示。

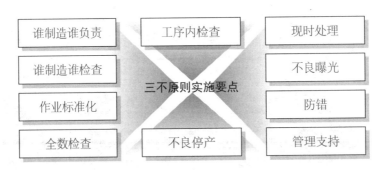

图 11-3 "三不原则"实施要点

1.谁制造谁负责

一旦产品设计开发结束，工艺参数流程明确，则产品的质量波动就是制造过程的问题。每个人的质量责任从接收上道工序合格产品开始，规范作业、确保本道工序的产品质量符合要求是员工最重要的任务。

一旦在本道工序发现不良或接收到后道工序反馈的不良后，该人员必须立即停止生产，调查原因，采取对策，对产品的质量负责到底。

2.谁制造谁检查

产品的生产者，同时也是产品的检查者，产品的检查只是生产过程的一个环节。通过检查，确认生产合格，才能确保合格产品流入下道工序。通过自身检查，作业人员可以对本工序加工产品的状态了解得更清楚，从而有利于员工不断提升加工水平，提高产品质量。

3.作业标准化

产品从设计开发、设定工艺参数开始，就要对所有的作业流程中的作业步骤、作业细节进行规范化、标准化，并使其不断完善。每一个员工也必须严格执行标准化作业。

标准化是该工序最佳的作业方法，是保证产品质量一致性的唯一途径，否则制造很多不良品却找不到不良的根本原因，这个时候"三不原则"只能使制造混乱，而不是保证品质。

4.全数检查

所有产品、所有工序无论采取什么形式都必须由操作者实施全数检查。

5.工序内检查

质量是作业人员制造出来的，如果安排另外的检查者在工序外对产品进行检查或修理，既会造成浪费，也不能提高作业人员的责任感，反而会姑息作业人员对其产品质量的漠视。

6.不良停产

在工序内一旦发现不良，操作者有权利也有责任立即停止生产，并及时采取调查对策活动。

7.现时处理

在生产过程中，产生不合格品时，作业人员必须从生产状态转变到调查处理状态，马上停止作业并针对产生不良品的人、机、料、法、环等现场要素及时确认，调查造成不良的"真正元凶"并及时处理。

8.不良曝光

在生产过程中出现的任何不良，必定有其内在的原因。因此，对于产生的不良，不仅作业人员要知道，还必须让管理层知道，让质量保证的人员知道，让设计开发的人员知道，大家一起认真分析对策，并改善作业标准，而不是简单地由作业人员对不合格品自行返工或报废。否则，下一次还会发生同样的问题。

9.防错

企业必须尽可能科学合理地设计使用防错装置来防止疏忽。同时在现场管理中，现场主管认真进行细节管理，尽量把工作做在前面，周全的计划，充分的准备，事先的预防，减少各种差异变动，把品质控制在要求的范围内。

10.管理支持

当员工发现问题并报告问题后，现场主管应第一时间出现在现场，一起调查并处理问题。对于不合格品，现场主管若只是轻率地推卸责任给作业人员，不仅不能彻底解决不合格品的产生，而且易造成管理层与员工之间的对立。

六、成品及时入库

制造现场生产出来的成品，应该及时入库，为出货做好准备。

（一）成品入库准备

① 熟悉入库成品。仓管员应了解和掌握将入库成品的规格、数量、包装、体积、到库时间等相关信息。

② 库位准备。仓管员对仓库进行清理，对使用重型设备操作的成品，要事前准备好货位。

③ 验收准备。仓管员根据公司的仓储制度和成品的具体情况，准备验收所需的用具等。

④ 凭证准备。仓管员应将成品入库所需的单证、记录等预备妥当。

（二）成品验收

① 成品到达仓库后，仓管员应核对相关单证，查看单证上的品名、规格、数量等是否与成品相符。

② 仓管员会同质检人员，按照公司质量检验规范对成品进行检查。检验通过后，仓管员会签入库单，办理成品入库手续；不合格的，通知生产部领回返工或根据具体

情况请示相关领导处理。

（三）成品入库异常处理

① 仓管员如果发现成品数量不符，应立即上报仓储部经理并通知生产部门，经协商确定后，补齐成品或注明数量更改后办理入库。

② 仓管员如果发现成品质量不合格，应通知生产部领回返工，经质检人员验证作废的，按作废的流程办理，并上报主管副总经理。

（四）成品入库搬运

① 仓管员须监督搬运人员按照入库单将成品分批入库。

② 应将货物分批送到预先安排的货位上，要进一批清一批，防止成品互混和数量溢缺。

（五）入库登记与编号

① 仓管员应根据入库成品的实际情况与数量进行登记，保证账物相符。

② 仓管员应根据规定对入库的不同品种的成品进行编号处理并置于相应的位置，以便于查找与盘点。

③ 每日下班之前，仓管员需要将本工作日的成品入库台账报于统计员，统计员负责将其输入计算机。

（六）成品入库存放

① 仓储部仓管员应依仓储空间规划，按成品品种、规格、型号等结合仓库条件分门别类进行入库成品的堆放。

② 应按"作业和盘点方便、货号明显、成行成列、干净整齐"的原则安排成品储位。

（七）成品入库资料管理

仓管员及时将入库资料进行汇总和整理，并将报表送部门经理或相关部门审核、存档。

第章

物流配送——将成品交客户

导　读

　　各类物料经过生产加工后就会成为成品，并以产品的形式储存于仓库中。当有客户购买时，企业就要将产品从仓库转移至客户手中。仓储物流管理就是指利用配送车辆把客户订购的产品从仓库送到客户手中的过程。

学习目标

　　1.了解物流配送作业的特点。

　　2.了解物流配送的基本作业步骤，掌握各个步骤的操作要求、要领、方法。

　　3.了解物流配送的准备工作事项，掌握各事项的操作要求、要领、方法。

　　4.了解成品发货的一般流程，掌握智能仓库成品发货流程及办理装车手续的要求和方法。

　　5.了解出库台账管理的要求，掌握台账记录的方法和注意事项。

　　6.了解物流配送的注意事项，掌握物流配送效率提高的措施、方法与要求。

学习指引

序号	学习内容	时间安排	期望目标	未达目标的改善
1	物流配送作业的特点			
2	物流配送的基本作业流程			
3	物流配送的准备工作			
4	发货与装车			
5	做好出库台账管理			
6	物流配送的注意事项			
7	物流配送效率的提高			

一、物流配送作业的特点

物流配送作业是产品出货的末端环节，是企业最终直接面对客户的服务环节。直白点讲，物流配送就是将企业生产的成品送交客户的过程。物流配送作业的特点如图12-1所示。

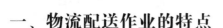

准时	物流配送作业的服务性主要体现在快速及时上，也就是要确保能在客户指定的时间内交货。准时是客户最重视的因素。因此，必须要认真分析各种可能导致时间延误的因素，对各项活动进行统筹安排，做到有效协调、综合管理、合理安排配送路线，让每位客户都能在指定的时间内收到所订购的产品
安全	物流配送的任务就是要将产品完好无损地送到目的地。有很多因素都会影响安全性，例如装卸作业及运送过程中的机械震动和冲击与其他意外事故等。因此，在物流配送管理中必须注意安全
沟通	物流配送作业是配送活动的末端服务环节，物流配送是为客户进行上门服务，所以要充分利用与客户沟通的机会，巩固与发展合作关系
讲究便利	为了更好地为客户服务，最大限度地满足客户要求，应尽可能地让客户享受到便捷的服。通过采用高弹性的物流配送系统，如采用紧急物流配送、顺道物流配送与退货、辅助资源回收等方式，为客户提供真正意义上的便利服务
必须经济	企业运作的基本目标是实现一定的经济利益。因此，对合作双方来说，以较低的费用完成物流配送作业是企业建立双赢机制、加强合作的基础，要想为客户提供优质、经济的物流配送服务，就必须提高配送效率，加强成本管理与控制

图12-1　物流配送作业的特点

二、物流配送的基本作业流程

物流配送的基本作业流程如图12-2所示。

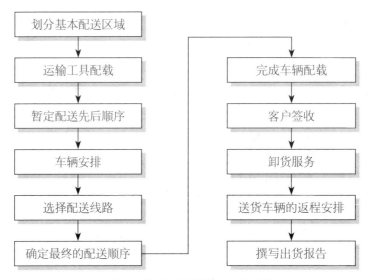

图12-2　物流配送的基本作业流程

（一）划分基本配送区域

为使整个配送工作有一个可以遵循的基本依据，仓库首先应将客户所在地的具体位置进行整体划分。例如，按行政区域或依交通条件划分不同的配送区域，在这一区域划分的基础上再做弹性调整。

（二）运输工具配载

由于配送的产品品种、特性各异，为提高配送效率，确保产品质量，在接到订单后，仓管员首先必须将产品依特性进行分类，然后分别选取不同的配送方式和运输工具，如按散装产品、箱装产品等分类配载；配送产品也有轻重缓急之分，如果是紧急订单，可以安排飞机送货。飞机运送方式速度快，但运费昂贵，因此，企业最常采用的运输工具通常是汽车。

（三）暂定配送先后顺序

在考虑其他影响因素，做出确定的配送方案前，应先根据客户订单要求的物流配送时间做好初步的配送计划。这样既有效地保证了物流配送时间，又可以尽可能提高运作效率。

（四）车辆安排

车辆安排要解决的问题是安排什么类型、吨位的配送车辆进行物流配送。一般企业拥有的车辆有限，当企业内部车辆无法满足运送要求时，可外雇车辆。在保证配送运输质量的前提下，是组建自营车队，还是以外雇车为主，则须视经营成本而定。

（五）选择配送线路

要选择配送距离短、配送时间短、配送成本低的线路，就需根据客户的具体位置、沿途的交通情况等做出判断。除此之外，企业还必须考虑有些客户或其所在地的交通环境对物流配送时间、车型等方面的特殊要求，例如有些客户不在中午或晚上收货，有些道路在高峰期实行特别的交通管制等。

（六）确定最终的配送顺序

企业安排好车辆，选择好配送路线后，就可完善初步配送计划，确定最终的配送顺序。

（七）完成车辆配载

明确了客户的配送顺序后，接下来就是如何将产品装车，以及按什么次序装车的问题，也即车辆的积载问题。原则上，知道了客户的配送顺序之后，只要将产品依"后送先装"的顺序装车即可。

但有时为了有效利用空间，可能还要根据产品的性质（怕震、怕压、怕撞、怕湿）、形状、体积及重量等做出弹性调整。此外，对于产品的装卸方法也必须依照产品的性质、形状、体积、重量等做出具体决定。

在以上各步骤中，需要注意明确订单内容，掌握产品的性质，明确具体配送地点，合理选择配送车辆，选择最优的派送线路，充分考虑各作业点装卸货时间。

（八）客户签收

送货员将产品送到客户处时，要请客户签收。客户签收时的注意事项如下。
① 送货地点必须与合同中写明的送货地点一致。
② 签收人签名必须与合同中指定的签收人一致。
③ 改变送货地点和签收人的，需要客户出具盖有公司公章的签收方式变更说明。
④ 合同指定签收人不在，他人代签收的，代签人必须留下身份证号码。
⑤ 凡是以个人账户付款的用户，在签收产品时一定要出示用户的有效身份证件。

（九）卸货服务

货物送达指定地点后，除了快速处理相关手续并完成结算外，还应讲究卸货地点、卸货方式等。

① 产品送达客户指定地点后，应协助客户尽快卸货。

② 在规定的时间内完成货物交接和单据交接。

③ 按有关协议完成贷款的结算。

④ 当客户有退货请求时，分清责任，接受退货后顺便将退货带回仓库，客户周转包装箱也顺便带回仓库。

⑤ 与客户沟通，及时了解客户需求，掌握客户需求动态，为下次配送提供依据。

（十）送货车辆的返程安排

由于配送的范围较小，大多数送货车辆返程都是空驶，这不仅浪费运力，也会增加配送成本。随着配送能力的增强，配送的范围在不断扩大，送货车辆返程空驶造成的浪费也越来越大，因此，合理安排送货车辆的返程能降低仓库的配送成本，提高配送效益。

1.造成送货车辆返程空驶的原因

① 仓库内部车辆调度部门对送货车辆缺乏合理安排（属于内部原因，可能是调度员的责任心不强或调度水平较低）。

② 仓库的设置与各个客户点之间的平面布局不合理（属于外部原因，可能是客户分布较散，客户位置较偏僻等）。

2.减少送货车辆返程空驶的措施

① 当客户提出退货请求时，分清责任后，可将客户的退货顺便带回仓库。

② 顺便带回客户的周转包装箱、废弃物料。

③ 在客户所在地设立返程车辆联系点，顺带"回头货"，以收取的运费弥补运输成本，降低送货成本。

（十一）撰写出货报告

出货报告是仓库完成物流配送后制定的证实性记录文件。出货报告由仓库主管制定，制成后发给财务部、市场部、生产管理办公室等相关部门使用。出货报告要及时发送，最好出货的当天就完成发送。出货报告的用途如下。

① 财务部用于记账。

② 生产部用于调整生产，统计业绩。

③ 销售部用于安排销售，确认货期。

三、物流配送的准备工作

仓库接到发货通知后，就要及时将货物发给客户。运输人员在进行货物配送的过程中，应当按照相关流程进行，确保货物保质保量同时准时地送到客户手中。出库时应主要防止发货失误，以及物品移交过程中的划伤磕碰、液体溅出、危险品事故等。货物的准备工作如图12-3所示。

图12-3 货物的准备工作

（一）接单准备

通常情况下，仓库调度在成品出库的前一天接到从外运公司或从其他方面送来的提货单（图12-4）后，应按物品去向、运输工具等，分理和复审提货单，及时正确地编制好有关班组的出库任务单、配车吨位单、机械设备单以及提货单等，分别送给仓管员、收发员或理货员等，做好出仓准备工作。

提 货 单

购货单位：　　　　　　　　　　　　　　　　　　日期　　年　　月　　日

商品名称及规格	件数及包装	单位	数量	单价	金额	备注
合　　计 人民币金额		拾　万　仟　佰　拾　元　角　分				

供需双方约定事项
1.需方所购产品经仓库保管员或其他承办人签字或盖章，或单位盖章，视为已收到供方产品
2.需方如认为所购产品质量、数量存在问题，限在收货后十天内向供方提出书面异议
3.本合同的履行地点在供方　　　　　　　　车辆号码：
　　供方：杭州××化工有限公司　　　　　　需方：

手机：　　　　　　电话：　　　　　　仓库：

回客 回客
单户 单户
联联 联联

第
一
联

存
根
联

图12-4 提货单

当仓管员从调度手中接到出库通知后，应做好以下工作，具体如图12-5所示。

接收出货通知单　　审核单据　　清理出货区域　　备货

图12-5　接单后的准备流程

1.接收出货通知单

当需要出货时，一般由销售部发出"出货通知单"，通知仓库做好出货准备。在进出库业务通知牌上写明出库产品的品名、规格、数量以及产品的货位货号、发往地点及出货时间等，以便于仓库及时配合。

2.审核单据

仓管经理收到"出货通知单"后，要对其进行审核，审核无问题才能签字确认，安排发货。若有问题，应查找原因，并与销售部做好沟通工作，对通知单进行必要的修改。

3.清理出货区域（图12-6）

仓库应对出货区域进行整理、整顿，腾出出货存放位置。有理货条件的情况，可先将出库产品按产品去向运到理货场地上并理好货，以便于运输车辆一到即能进行装车作业。

图12-6　清理出货区域

4.备货

① 仓管员按照"出货通知单"的要求进行备货，即将货物取出后，清点好数量，并分类存放。对出库产品数量进行检验是十分必要的环节。仓库可通过以下方法检验

出库产品数量（图12-7）。

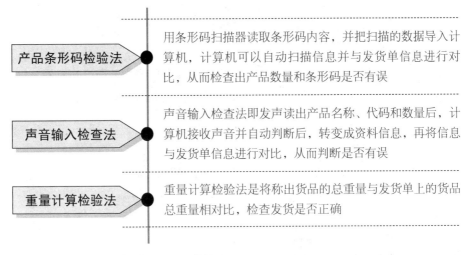

产品条形码检验法	用条形码扫描器读取条形码内容，并把扫描的数据导入计算机，计算机可以自动扫描信息并与发货单信息进行对比，从而检查出产品数量和条形码是否有误
声音输入检查法	声音输入检查法即发声读出产品名称、代码和数量后，计算机接收声音并自动判断后，转变成资料信息，再将信息与发货单信息进行对比，从而判断是否有误
重量计算检验法	重量计算检验法是将称出货品的总重量与发货单上的货品总重量相对比，检查发货是否正确

图12-7　检验出库产品数量的方法

② 仓管员取货时要注意仔细查看货品的外包装是否有破损、污渍等情况，如果有，要及时更换。

按提货单所写的入库凭证号码，核对好储存凭证（即仓管员的记录），根据储存凭证上所列的货位、货号寻找到该批产品的货垛，然后将提货单与储存凭证、产品进行核对，确认正确无误后，做好出库标记，以确保单、货相符。

（二）初步核查

仓管员审核成品出库凭证，主要包括以下几个方面。
① 正式出库凭证填写的项目是否齐全，有无印鉴。
② 所列提货单位名称、产品名称、规格、重量、数量、唛头、合约符号等是否正确。
③ 单上填写字迹是否清楚，有无涂改痕迹。
④ 单据是否超过了规定的提货有效日期。

如在审核中发现问题，应立即联系或退请业务部门更正，不允许含糊不清地先行发货。

（三）货物配备

仓库要按照相关流程，核实出库凭证所列的项目内容，然后以最快的速度配好货物，并及时发出。配货流程说明如表12-1所示。

表 12-1　配货流程说明

序号	步骤	说明
1	确定需拣选的产品	仓库接到"出货单"后，要对"出货单"进行审核，明确需要拣选的产品
2	明确产品存储位置	仓库在明确需拣选的产品后，参照仓库储位设计，进一步明确产品在仓库中的位置
3	选择最短取货路线	仓库根据订单及确定的待选产品位置，合理设计取货路线，以便最大限度地减少取货时间
4	到各货位分别取货	仓库负责取货的人员运用适当的工具，到各个货位上取货
5	更改产品保管卡	仓库负责取货的人员在取货结束后，及时更改"仓储保管卡"，确保保管卡上的信息与实际信息一致
6	将货物放置于备货区	货物取下之后要放置于事先安排好的备货区内，备货区的设置必须方便装车

（四）理货工作

仓库在配货完成后，理货员即可开始理货。仓库理货工作主要是合理积攒货物，在实现最大化积货的基础上，确保货物安全，取货方便，提高仓容利用率。理货员在理货时要注意以下几点。

① 送货的产成品，无论整件或拼箱，均须进行理货，集中待运。

② 待运产成品，一般可分公路、航空、铁路等不同的运输方式、路线和收货点。要进行分单（票）集中，以便于发货。

③ 待运商品要按配车的要求，清理分堆，以便装运。要按运输工具预约的到库时间，以先后顺序理货，随到随装，不误时间。

四、发货与装车

（一）成品发货的一般流程

成品发货是指仓库根据销售部的要求将需要发给客户的货品及时发去，保障销售工作的顺利进行。成品出库流程如下。

① 下达客户发货单。

② 仓库统计员根据库存情况复核后，确认数量足够则可以出货，并打印出库单。

③ 仓管部经理安排车辆及装车人员。

④ 仓库保管员按出库单数量、品种组织发货。

⑤ 仓库统计人员按实装情况填写装车码单，由运货司机复核。

⑥ 仓库统计人员按实装数量和品种开具销售清单。

⑦ 仓库统计人员依据复核后的销售清单开具收款收据。

（二）智能仓库成品发货流程

1.货物出库准备

采用RFID（Radio Frequency Identification，射频识别）系统后，操作人员在RFID系统中根据出库凭证输入货品的相关信息，系统进行查询，符合出库凭证的货品生成拣选单，拣选单应包含领料单号、拣选仓位、代码、箱号、目的地及整包装数量，仓位的拣选按照预先设定的规则自动指示并生成图形界面提示，允许操作人员在系统中手工指定。

2.出库拣选

出库拣选的步骤，可以参照RFID系统的流程，但要注意的是：不同的货物，可能单独包装，也可能按产品分类包装，或者是几个产品混装。单独包装不需要拆箱或者分拣，直接发货出库即可。后面两种情况则要拆零和分拣后再发货出库。当拆零和分拣无法彻底避免时，则要求RFID系统能够有效地掌握被拆零和分拣的各个拆零单位的流向等信息（包括授权人员、操作人员、时间、原因等）。

3.出库确认

运输车辆到库提货时，操作人员进行出库检验，确认拣选货物与领料单或送货通知单是否一致，完成出库的确认工作。这里要求最后将所需货物的出库信息同步到WCS（Warehouse Control System，仓库控制系统）中，在SCM（Supply Chain Management，供应链管理）系统中完成出库确认，并打印出库单。

（三）办理装车手续

运输部门人员持提货单到仓库时，仓管员或收发理货员应逐单核对，并点货交给运输人员，以分清责任。

① 当运输车辆到仓库提货时，仓库车辆调度员应指明装货的库号和配车情况。

② 当运输车辆到仓库装货时，仓管员或收发理货员应指明装车产品，并在现场监督装车，同时再一次对货单进行核对。对于边发货边装车的产品，还应及时查核余数。

③ 装车（图12-8）时，应指导装车工人轻拿轻放，并按一定顺序装载。完毕后，将发出的产品和有关单据同运输人员办理交接手续，分清责任。

图12-8　装车

④ 仓管员在产品装车完毕后，应开具随车清单，由运输人员凭随车清单到调度室去调换门票，门卫凭门票放行。放行时，门卫应核对车号、品名、数量，正确无误后方可放行。对于小型仓库，也可由仓管员直接开门票放行。

装车结束，应在随车清单上加盖"发讫"印记，并留据存查。

五、做好出库台账管理

台账原来是指摆放在台上供人翻阅的账簿，故名台账。台账是一种通俗的说法，最初是指在作业过程中由作业人员从柜台记录中直接记录的数据，后来引申为工作过程中的各种资料的规范记录，在多个领域均有使用，实际上就是一种流水账。仓库出库管理中主要涉及的是出货记录和出货报告这两类。

（一）出货记录

出货记录是出货责任人完成出货任务的证据。根据出货指令文件，仓库已经出了货，但是把货出给谁了、依据在哪里、具体的情况到底怎么样等，这些问题都需要靠出货记录来解答。出货记录要注意确认以下几个方面。

1.运单确认

运单确认内容如图12-9所示。

图12-9　运单确认内容

2.确认装箱的数量和包装状态

确认装箱的数量和包装状态，具体如图12-10所示。

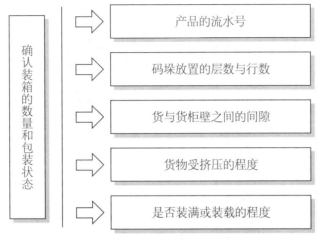

图12-10　确认装箱的数量和包装状态

3.其他需要确认的内容

其他需要确认的内容如图12-11所示。

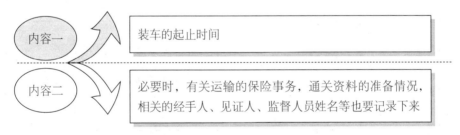

图12-11　其他需要确认的内容

4.签字、确认

仓管员在上述内容确认后必须要让拉货的司机或运方负责人在该记录上签字确认。出货记录的详细格式应制成表单共同使用。

（二）出货报告

出货报告是仓库完成出货后制定的证实性记录文件。出货报告由仓库主管制定，制成后发放到财务部、市场部、生产部等相关部门使用。出货报告要及时发出，最好是出货的当天内就完成，其制定流程如图12-12所示。

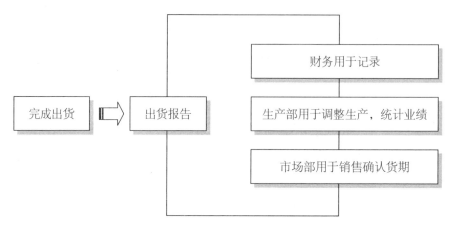

图12-12　制定出货报告的流程

1. 出货报告的内容

出货报告（表12-2）的内容要清楚地反映本次出货的详细情况，如出货产品类别、名称、规格、型号，出货产品的批号、批量和数量，完成出货日期，出货地点，承接运输的单位和运输方式，产品出货的目的地等。出货报告是文件，可以用表单的形式表现，至少一式四份。

表12-2　出货报告

日期：　　　　　　　　　　　　　　　　　　　　　　　　编号：

序号	品名	型号	批号	订单号	出货数量	箱数	箱号	目的地	集装箱号	承运公司	备注

续表

特别事项说明：			
配送地点		完成时间	
生管确认		检验人员确认	
备考：			
担当：	检讨：		批准：
分发：□市场部　□财务部　□生产管理办公室　□其他部门 签收：			

出货报告应作为重要记录进行保存，以便达到可追溯、明确责任、统计使用的目的。出货报告的保存期限一般应是使用的当年与之后的一个日历年。这个期限是最少的时间，使用中可以延长。例如，2021年3月的出货报告至少要保存到2022年12月31日。2021年是使用的当年，2022年1～12月是一个日历年。

出货报告一般在公司内部使用，仓管员要使用公司规定的格式，但有些个别的OEM（OEM是英文Original Equipment Manufacturer的缩写，也称为定点生产，俗称代工生产）顾客会要求使用他们的格式，从满足顾客要求的角度出发，也可以这样做。

2.出货后的复核

仓管员发货后，应及时核对产品储存数，同时检查产品的数量、规格等是否与批注的账面结存数相符，随后核对产品的货位量、货卡，如有问题，及时纠正。

3.销账销卡

产品出库工作结束后，仓管员应销账销卡，清点余数，做好登账记录。在产品出库工作中必须防止包装破损和受到污染的产品出库。

六、物流配送的注意事项

（一）常规注意事项

① 仓库尽可能利用自有车辆配送。

② 在客户规定的送达时间内完成配送。

③ 产品品种、数量要符合订单要求，尽量不出差错。

④ 物流配送途中遇到意外，产品不能按时送达时，要在第一时间与客户取得联系，与客户沟通协调。

⑤ 市内物流配送要避开城市交通管制时间，尽量选择在晚上或凌晨配送。

⑥ 客户订单的产品配齐后，尽可能采用笼车装载，方便装卸，减少货损、货差，节约产品交接时间。

⑦ 配送之前制定配送作业流程（图12-13）。

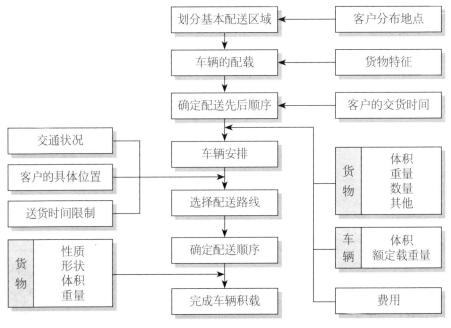

图12-13 配送作业流程

（二）雨天物流配送注意事项

随着雨季的到来，气温升高，雷电多，雨水多，各种致灾因素也随之增多。为切实保证雨天物流配送安全，物流配送过程中一定要注意以下几点。

① 未雨绸缪，认真做好出车前的车况检查。

② 沉着冷静，小心应对突发情况。

③ 控制车速。

④ 保持行车平稳，防止车辆涉水陷车。

⑤ 持之以恒，悉心做好车辆的保养。

（三）夏日高温送货注意事项

夏季高温，送货员容易出现身体疲劳、中暑、食物中毒等症状，送货车辆也容易存在安全隐患。高温天气下，在送货过程中送货员应该注意以下几点。

① 合理调整送货时间。

② 备好防护用品。

③ 送货车辆及时保养。

④ 掌握一定的急救措施。

七、物流配送效率的提高

为提高物流配送效率，可采用的方法包括以下几种。

（一）采用标准的包装器具

配送不是简单的"送货上门"，而是要运用科学而合理的方法选择配送车辆的吨位、配载方式，确定配送路线，以达到"路程最短、吨千米最小"的目标。采用标准的包装器具（图12-14），如包装箱，可以使物流配送中产品的搬运、装卸效率提高，并便于车辆配装。

图12-14　采用标准的包装器具

（二）建立完善的信息系统

完善的信息系统能够根据交货配送时间，车辆最大积载量，客户的订货量、个数、重量来选出一个最经济的配送方法；根据产品的形状、容积、重量及车辆的能力等，由计算机自动安排车辆和装载方式，形成配车计划；在信息系统中输入每一个客户点的位置，计算机便会依最短距离原则找出最便捷的路径。

（三）改善运货车辆的通信

借助健全的车载通信设施，企业可以随时把握车辆及驾驶员的状况、传达道路信息或气象信息，掌握车辆作业状况及装载状况，传递作业指示，传达紧急信息指令，提高运行效率。

（四）均衡配送系统的日配送量

销售部通过和客户沟通，尽可能使客户的配送量均衡化，这样能有效地提高物流配送效率。为使客户的配送量均衡，通常可以采用以几种下方式。

① 对大量订货的客户给予一定折扣。

② 制定最低订货量。

③ 调整交货时间，对于受季节性影响的产品，尽可能引导客户提早预约。

（五）制定配送工作管理规定

企业应制定配送工作管理规定，通过明确的规定，使相关人员了解自己的责任，从而更好地完成自己的工作。

物流配送管理制度

1.目的

为了使公司物流配送工作尽可能做到及时准确，服务周到，有效控制物流成本，提高本公司的物流客服水平和质量，特制定本制度。

2.适用范围

本制度适用于公司为客户销售配送设备、设施、原辅材料、包装及其他相关物资的管理。

3.组织与职责

后勤部是物流配送的主责部门，负责筛选物流、跟踪服务。

4.管理规定

4.1 第三方物流公司的选择

4.1.1 选择长期合作承运商（物流公司）时，应该考核其商务资质，其现有的网络覆盖能力、车辆情况、周期发货时间节点等，并留存其相关资料；如果是临时合作的，一定要签订托运协议，若是比较贵重物品，则需要承保，保障公司财产的在途安全。

4.1.2 公司物资配送人员的素质的要求。

对于物资配送人员，应开发出符合公司运营要的合格物流承运商，保障物流顺畅到达。要掌握物流承运费用的核算方法和相关细节，同时要了解一些车辆（汽运或火车）装载的知识。

4.1.3 关于选择的具体物流模式，要根据客户所在地的物流环境、客户自身的素质和本公司的供应商的具体情况合理安排。物流模式具体可采用：多点对一点直达、集中对一点统配等方式。根据客户配送货物指定到达区域和服务要求（自提还是送货上门），确认协议物流公司是否在服务覆盖区，否则另选其他物流公司（尽量选直达，避免多次中转）。

4.1.4 第三方物流配送单据填写的注意事项。

（1）详细认真写明货物名称、货号、件数、包装规格。特殊情况如单品价格低、集中打包成一件的货品可按类别统称写，注明每件明细内容。

（2）在"备注"栏里填写提货前，清点货品，事后自负。

4.2 配送期

4.2.1 发货期：财务部确认客户款到账，两个工作日内货物发出。为了缩短备货时间，发货员在客户已确认"配货销售单"订单后，仓库有货的先备货放在待发区，需采购的通知采购员预订。

4.2.2 到货期：因物流公司的不可控性，对客户承诺设备发货期在15天内，其他发货期在10天内。

4.3 发货员注意事项

（1）装箱时要点清，每件（箱）里所放置的品名及数量，并在"发货任务跟进表"内填写清楚（以备后查），做好与移交人（仓库管理员或采购员）或接管人（公司员工带运）的相关手续。

（2）发货员每次发货时要告知客户提货注意事项。

（3）多货品整合打包时，最好要按类别打包（一个类别打一起），每件重量不要过重、过大（做到便于搬运、不易破损）。

（4）两人以上确定后，才可封箱和粘贴封条，并在"装箱内容"上签字以示负责。

（5）及时填写"物流第三方发货跟踪进度表"（附件1）和"发货任务跟进单"

（附件2）（附发销售单、物流单）。

4.4 客户收货时的注意事项

（1）查看外包装有无破损、封条有无破损或丢失，如有及时与总公司供应部联系，待解决后方可提货，否则后果自负。

（2）客户在提货时要验清货品名称、数量、质量，完好后才可签字提货。

（3）货品有异常情况，当天与后勤供应部联系解决，两日内客户未反映有问题默认为认同，过后责任由客户自负。

4.5 物流配送管理

4.5.1 公司赠送物品的配送流程。

4.5.1.1 客服部将签约的准发货的客户联系资料、发货时间及合同配置清单复印件（并在复印件上签字）交给后勤部。

4.5.1.2 后勤部核对配货单，呈递财务部确认后，根据库存量和客户需求供货时间，安排采购计划、协议物流筛选。

4.5.1.3 配货人员与仓库办理出库手续，承运时，要根据产品的特点，将不同产品适当组合打包，并进行连续编号，清晰署名收货人及联系方式，同时要将本公司的名称在包装外面标示清晰，力图减少产品在途转运时的缺失（根据货品的性质，选用合理、严实的包装打包，确保货品不易散落，尽量做到整体集合包装，避免多件减少丢失率）。

4.5.1.4 由于配货品提供商不统一，产品很可能分多批次发运，因此配送控制人员，要适时跟踪各批次货物中途运输情况。确定总配货物分几批发出（每批都应有分批配货单装入随货箱），选几个物流公司。办理好第三方物流手续（如果是厂家发货，及时向厂家索取物流发货单）。

4.5.1.5 及时登记发货资料（总配货分几批发出，每批都发的什么货、分几件装、随货单在哪个箱子里装着，是从什么地方发出，选择的物流公司电话，预计分别到达时间）。

4.5.1.6 货品发出后，电话通知客户。说明发货的有关信息，并告知客户提货要求（发现与单子上少件、包装破损等损坏现象，先暂不提货，及时与公司配送部联系，待公司与物流、客户三方达成一致后方可提货，否则一切后果由客户自负），同时认真、及时地填写"物流第三方发货跟踪进度表"。

4.5.1.7 客户确认全部收到货品后，将"物流第三方发货跟踪进度表"递交上级主管。

4.5.1.8 完成相关配送手续后，配送人员要将到货信息反馈到申请部门。配送人员在确认货物到达客户方后，要将物流单据收集清楚，传递到财务部备存。同时要将本次配送，按照客户单位进行规整入档管理。

4.5.2 客户采购公司产品包装及其他配送流程

4.5.2.1 客户订单。

（1）客户首次包装采购配送：由运营部客服主管根据客户店面的标准及产品的需求量并结合公司每种包装的最小配送量，为客户制定一份产品包装配送清单，递交后勤配送部。

（2）客户两次以上包装采购配送：客户根据自己的产品的销售量，主动向后勤配送部订购产品包装品种及数量。

（3）后勤配送部主动向客户询问包装需求量及产品包装要求司或其他。

4.5.2.2 后勤配送部根据客户订单进行价格核算，与客户沟通确认总金额。告知客户汇款方式。

4.5.2.3 编制配货单并呈递财务部确认后，根据客户需求供货时间及仓库储存量安排采购计划、协议物流筛选（尽量选直达，避免多次中转）。

4.5.2.4 同 4.5.1.3。

4.5.2.5 确定总货物分几件发出（同时把配货清单随同货品一同发出），所选最佳协议物流公司。办理好第三方物流手续（同一批配送清单，尽可能选一个物流公司）。

4.5.2.6 同 4.5.1.5。

4.5.2.7 同 4.5.1.6。

4.5.2.8 同 4.5.1.7。

4.5.2.9 同 4.5.1.8。

4.6 配送后期跟踪服务

4.6.1 主动推销公司所销售的产品，增大后勤销售量。

4.6.2 把所有配送给客户的每样设备的厂家售后服务电话及购买时期一同告知客户，如有质量问题（非人为因素），直接与厂家售后服务部联系，获得厂家的技术服务。

4.6.3 认真填写"客户来电（去电）记录本"（内容：客户来电或回访客户时间、事项内容、解决方案及时间）。

4.6.4 及时收集客户（直营店）对新开发的产品包装的设计缺陷方面的信息，整理资料反馈给公司相关部门（公司设计师、印刷厂设计师沟通，形成解决方案）。

4.6.5 及时收集客户对配送服务提出的意见，查找原因。从内部和第三方物流管理两方面细致地分析问题出现的原因，及时形成有效的针对性整改措施，防止同一异常情况频繁发生。

4.6.6 对于货损货差、延误等异常运输情况，及时分析出现异常问题的根源。在损失最小的前提下，尽快解决问题，同时及时沟通并安抚客户，降低客户不满情绪。事后及时分析总结，写出同类事项预防方案。

附件1 物流第三方发货跟踪进度表

序号	客户	联系方式	公司出库单号	发货时间	发货内容	物流公司					客户			承办人
						物流名称	物流单号	物流电话	回馈（1）	回馈（2）	回馈（1）	回馈（2）	信息确认	

附件2 发货任务跟进单

客户：_____ 收货地址：_____ 电话：_____ 下达时间：___年__月__日

备货齐全完成情况：_____ 发货日期：___年__月__日 到货时间：___年__月__日

装箱序号　　装箱内容（品名、数量）　　移交人　接管人　责任人　　日期

BJ-01

BJ-02

BJ-03

BJ-04

单品装箱信息

单品装箱信息

汇总信息：

续表

发货地：	物流名称：	物流单据号：	审核人：

跟踪记录（物流名称、电话时间、情况、跟踪人）

1.物流实际发货确认时间＿＿＿＿＿＿＿＿＿；首次告知客户时间＿＿＿＿＿＿＿＿＿。

2.中途咨询：物流位置＿＿＿＿＿时间＿＿＿＿＿；物流位置＿＿＿＿时间＿＿＿＿。

3.客户收到货时间＿＿＿＿＿＿＿＿＿；收货情况＿＿＿＿＿＿＿＿＿＿。

完成情况：

负责人：	后勤经理：	行政：

注：1."装箱序号"先按多货品整合打包为一件填写。

2."单品装箱信息"是顺延整合打包后的序号，一件为一种货品。

3."汇总信息"填写：共几件货，几个品种，是否欠客户货品及补发措施。

4.跟踪记录电话最少三次，第一次确认货品已离开物流公司（发出），同时告知客户发货情况（分几个物流公司发出、分别几件货、共几件货、提货注意事项）。

5."收货情况"填写完成或异常。

6."完成情况"填写客户收到货后异常情况的处理。

7.给客户承诺到货日期：设备是15个工作日内；其他是10个工作日内。

8.此表完成后，会知行政部，复印一份交回行政部。

附件3 电话记录表

序号	时间	客户名	客户需求	执行情况	需解决的问题	接电话人	完成时间	责任人